洗礼を受けるあなたに

キリスト教について
知ってほしいこと

越川弘英
増田 琴
小友 聡
柳下明子
山本光一

日本キリスト教団出版局

文中の聖書は日本聖書協会発行の『聖書　新共同訳』を使用

もくじ

装幀・デザインコンビビア（飛鳥井羊右）
カバー写真・森本二太郎

序　洗礼を受けるということ

イエス・キリストの招き——信仰生活の始まり

「あなたがたがわたしを選んだのではない。わたしがあなたがたを選んだ」（ヨハネによる福音書15章16節）

キリスト教徒の信仰生活は主イエス・キリストの招きから始まります。イエスが私たちを招き、私たちはその招きに応えるのです。その招きに、いつ・どこで・どのようにして出会うかは人それぞれであり、定まったパターンがあるわけではありません。ある人はその人生の大きな転機においてイエスの招きに出会うかもしれません。またある人は日々の穏やかな歩みの中で、イエスの呼びかける声を聴くかもしれません。幼い時、若い時にイエス・キリストの招きに出会う人もいれば、壮年の時代、また歳を重ねた熟年の時期に主の招く声を聴く方もいることでしょう。

いずれにしても、私たちは「わたしがあなたがたを選んだ」という主の確かな招きの言葉によって、新しい生き方へと踏み出していきます。その動機や過程がどのようなものであれ、私たちはそれまでのような自分自身を中心とする生き方から、イエス・キリストを中心として生き、考え、行動する生き方へと移されます。私たちはもはや自分自身を信じ、自分自身の力によって生きるのではなく、私たちを愛し、私たちのためにすべてを与えてくださる主イエス・キリストに信頼して生きるのです。それはイエス・キリストによって生かされて生きる人生であり、またイエス・キリストを絆として神と共に、また隣人と共に生きる人生です。

洗礼とは何か

そのようなキリスト教徒の生涯の始まりをしるしづける出来事が「洗礼」です。キリスト教会は新たに入信する人々に対して古くから水による洗礼という式を行ってきました。[1] 洗礼はキリスト教徒の原点、そして信仰生活の出発点です。この入信の式において、私たちはイエス・キリストの招きに従って生きることを神と人々の前で約束します。そして神の恵みのしるしとして洗礼を受けるのです。

現在では、受洗する人に少量の水を注いだり振りかけたりする方法が多くの教会で用いられていますが、本来、洗礼は全身を水に沈めるものでした。今でもバプテスト派などの伝統を受け継ぐ教会ではそのような浸礼（バプテスマ）が行われています。

このような入信儀礼としての洗礼の中にはいろいろな意味が含まれています。ここではとくに大切な意味として、「新生」としての洗礼、「主イエス・キリストと一体になること」としての洗礼、そして「教会の一員となること」としての洗礼という三つの面から、洗礼について考えてみましょう。

まず第一に洗礼は「新生」、すなわち「新たに生まれる」ことを意味しています。テトスへの手紙3章5節には、洗礼は「聖霊によって新しく生まれさせ、新たに造りかえる洗い」であると表現されています。それは一時的な清めや何度も繰り返される洗いではなく、私たちの生涯においてただ一度、それまでの「古い自分」に死に、「新しい自分」へと生まれ変わる出来事です。ある意味において、洗礼の「水」は、一方において私たちを死と滅びに追いやる「洪水」の象徴であり、他方において、母親の胎内から生まれ出る時にともなう「羊水」の象徴ともいえるでしょう。洗礼は私たちの存在と人生がそれまでとはまったく異なるものへと移しかえられる出来事です。

第二に洗礼は「主イエス・キリストと一体になること」を意味しています。三位一体の神の名による洗礼は私たちが神によって受け入れられたことを証しすると共に、私たちもまた神を受け入れ、お互いに愛の交わりの中に入れられることを証しする出来事です。この愛の交わりの中で、私たちは自分自身を「主《しゅ》」とする存在から、イエス・キリストを「主」とする存在へと変えられます。パウロは、「生きているのは、もはやわたしではありません。キリストがわたしの内に生きておられるのです」（ガラテヤの信徒への手紙2章20節）と語りました。私たちがイエス・キリストと一体となることを象徴する出来事、そしてイエス・キリストに倣《なら》って歩む私たちの人生の第一歩こそ、洗礼という出来事です。

第三に洗礼は「教会の一員となること」を意味します。洗礼はキリスト教徒としてのスタートであってゴールではありません。洗礼によって私たちは新たに生まれ、キリストと一つになりますが、ただちに成熟したキリスト教徒となるわけではありません。長い時とさまざまな経験を経て人間が成長するように、キリスト教徒としての成熟も長い時間とさまざまな経験を通して実現していきます。こうした私たちの歩みを支えてくれるものこそ、信仰によって結ばれた共同体としての教会です。洗礼はこのような「神の民の群れ」に私たちが加えられる出来事でもあります。コヘレトの言葉4章9～10節には、「ひとりよりもふたりが良い。共に労苦すれば、その報いは良い。倒れれば、ひとりがその友を助け起こす」とあります。神は私たちに信仰の友を与えてくださいます。それは私たちが共に生き、共に働き、共に労苦し、そして共に喜び、共に感謝するためです。信仰とは私個人のことがらに終始するものではなく、信仰生活とは決して孤独な旅路ではありません。

ここで覚えておきたいことは、洗礼において、より大きな責任を負うのは、洗礼を受ける当事者よりも、洗礼を授ける教会の側であるということです。生まれたばかりの赤ん坊を育てるのが家族や周囲の人々であるように、洗礼によって新たに誕生した人を受け入れ、配慮し、世話することは、すでに洗礼を受けた仲間たち、そして教会の果たすべき役割です。私たちは洗礼を受けることによって、こうした「神の民の交わり」に受け入れられ、愛され、育まれていきます。そして私たち自身が経験するそのような交わりが、やがて新たに洗礼を受ける人々に対する私たちの責任を意識させるものとなるのです。その意味において、洗礼とは主にある神の民の愛の連鎖を象徴する出来事であるとも言えるでしょう。

洗礼とキリスト教徒の生涯

ある牧師が次のように語っています。

「洗礼を受けることは重大な問題である。一生をキリスト教徒として生きることを意味している。『一生』……この言葉は割引きできない。『数年間』でも『数十年間』でもない」（鈴木正久『喜びの日も涙の夜も』新教出版社、246頁）

生涯にわたって続く信仰生活。その原点が洗礼です。洗礼は私たちの一生に関わる出来事です。洗礼を受けるに際して、私たちはこのことを深く心に留めなければなりません。

なぜなら洗礼を受けることは、ある意味において、私たちの人生を複雑で難しいものにするからです。イエス・キリストの福音は、私たちの価値観、人間と世界に対する関係を、新たなものに変えてしまうからです。キリスト教徒として、私たちは神への責任、隣人への責任、神が創造されたこの世界に対する責任という、大きな課題を負うことになります。洗礼を受けることなく、キリスト教徒になることもなければ気づかないまま過ごしたであろう課題や関わらなくてもよかった関係に、私たちは出会うことになるでしょう。洗礼を受けることは、私たちの人生を複雑で難しいものにします。

しかしまた洗礼を受けることは、別の意味において、私たちの人生を生き生きとした豊かなものにします。イエス・キリストの福音は、私たちの価値観、人間と世界に対する関係を新たなものに変えてしまうからです。キリスト教徒として、私たちは神と共に、また神が備えてくださった人々と共に生きる者となり、新たな発見、新たな驚き、新たな喜びを体験することでしょう。洗礼を受けてキリスト教徒になったからこそ、気づくことになる課題や関わることになる関係に出会うことになるでしょう。洗礼を受けることは、私たちの人生を生き生きとした豊かなものにします。

洗礼は私たちの一生に関わる重大な問題です。そうであればこそ、私たちは洗礼ということがらについて学び、熟考し、また祈りつつ備えなければなりません。本書はそのような洗礼準備の一助となることを願って記されています。

もちろんこの本を個人的にお読みいただいてもけっこうですが、可能であれば、教会の交わりの中で、洗礼準備の一環として用いていただければと思います。本書の複数の執筆者がそれぞれの視点から記しているように、洗礼と信仰生活をめぐるさまざまな課題や経験は、実に多様であり、豊かであり、驚きと喜びに満ちています。洗礼の準備における学びと話し合いの中で、そのような多様性と豊かさ、驚きと喜びを分かち合うことができれば、それはこれから洗礼を受けようとする方にとっても、またすでに洗礼を受けた方々にとっても、良き学びの時、すばらしい交わりの時となることでしょう。本書がそのような学びと交わりのために用いられることを願っています。

(1)キリスト教はその長い歴史を通じてさまざまな特徴のある教派・集団を生み出してきました。その中には、クエーカー（キリスト友会、フレンド派）や救世軍、また日本で生まれた無教会主義のように、洗礼という入信儀礼をあえて行わない教派・集団も存在します。

第1部　人間と宗教

第1章　人間とは何か

自らを問う存在

はるか昔に記された旧約聖書の中に次のような言葉が残されています。

「人間は何ものなのでしょう」（詩編8編5節）

この問いを発した人がいつの時代のどんな人物だったのかわかりません。しかし古代の詩人が発したのと同じ言葉を、現代の私たちもつぶやくことがあるのではないでしょうか。

「いったい私は何者か」

「私はどのように生きるべきか」

人間は自分自身を問う生き物です。食べ、飲み、働き、眠り、排泄《はいせつ》し、生殖し、さまざまな活動を行い、一日一日を送りながら、なお人間はふと思うのです。

「何のために私は生きているのだろう」
「こうしたことにどんな意味があるのだろう」

私自身の個人的経験です。思春期の始まりの頃、家族と食事をしていた時です。私の家は大家族で、いちばん多い時には13人が一緒に暮らしていました。皆が集まって、ワサワサという感じでご飯を食べている時、ふと思いました。

「いったいこの人たちは何のために食べているんだろう」

そんな問いを密かに持ちました。何も考えることなく（と当時の私の目には映ったのですが）、ただひたすら食べる、食べる、食べる……。旺盛な食欲で食べつづけている家族が不思議な生き物のように思われ、違和感、さらには不気味な感じすら持ちました。しばらく私は食欲を失いました。痩《や》せました。

今から考えると、その頃の私は「人間とは、人生とは、生きる意味とは……」といったことについて考え始めていたのでしょう。人間というのは、そうした意味を問う生き物、自分自身を問う生き物だということを実感した経験だったと思うのです。

未知なるもの、探求すべきもの、形成されるべきもの

さて、人間が「自分自身を問う生き物」だということは、裏返して言えば、人間は「自分のことがよくわかっていない生き物」であるということでもあります。人間とは自分自身にとってさえ「未知なるもの」であり、決して「自明の存在ではない」のです。

これは不思議なことです。そして困ったことでもあります。しかしまた積極的な観点から見れば、それは私たち人間が大きな可能性を持った存在でもあることを意味しています。「未知なるもの」「自明ではないもの」だからこそ、人間は自分自身を探求し、自分自身を発見し、さらには自分自身を形成しつづけていくものであるとも言えるからです。

サルトルという哲学者は、人間とはこの世界に「投げ出された存在」であると言いました。だれひとりとして自分の意志でこの世界に生まれてきた人はいません。気づいてみたら生まれており、気づいてみたら生きているのです。そのようにこの世界に投げ出された存在として、日々、人間はいろいろな思索、行動、経験を重ねて、自分自身を造り上げていくのだというのです。サルトルは、「人間は最初何ものでもない」のであり、「人間はあとになってはじめて人間になる」「人間はみずからがつくったところのものになる」と記

しています（『実存主義とは何か』人文書院）。

私たちは自分が「何ものであるか」を知らないけれども、誰もが「何ものかになる」という可能性を秘めています。人間は未来に対して開かれた存在であり、自らが意識して成長すること、変わることができるのです。ある意味において、人間とはそのように自らを形成しつづけていく存在、自己創造する存在と言うことができるかもしれません。

自己創造と社会

ところで、現実問題として考えると、私たちのそうした自己創造という営みはまったくゼロからスタートするわけではありません。私たちが生きる社会にはさまざまな人間観、人生観、価値観がすでに存在しています。いろいろな人間がおり、いろいろな生き方があることを私たちは知っています。私たちは生まれてからずっと、意識するとしないとにかかわらず、そのような先人たちの知恵や経験を見たり聞いたりしながら、そこから影響を受け、自分なりの人間観や人生観を形作ってきました。

人間は「社会的動物」であると言われますが、この言葉は「人間が社会を作る」ことを意味すると同時に、「(人間によって作られた) 社会が人間を作る」ということも意味しています。ある時代や社会の中で生み出された思想や観念、習慣や常識というものが、次の世代の人間に影響を及ぼし、私たちの人間観や人生観に影響を及ぼします。最初は私たちの周りの身近な人々、家族や友人から始まって、成長すると共に、より広い世界、より多くの人々、またより多くの情報から、私たちは「人間とは何か」あるいは「どのように生きるべきか」ということを学び、また考えるようになります。

言うまでもなく、ある特定の時代や社会の人間観がすべての時代や社会に通用するとは限りません。たとえば、ある時代には当然とされていた奴隷制や男女差別、人種差別などのことを想い起こせばすぐにおわかりになると思います。これと同じことが人生観における「理想」とか「真理」とか「幸福」といったものについても言えるでしょう。「人間とは何か」「どのように生きるべきか」という問いに対する回答も時代や社会の変化と共に変わりうるのです。

多様性、出会い、選択と決断

現代社会のこれまでにない大きな特徴は、こうした人間観や人生観を考えるうえで、多種多様なモデルやサンプルがいちどきに並存し、あるいは競合するようなかたちで、私たちの目の前に示されているということです。グローバル社会と言われる一方で、偏狭なナショナリズムやいろいろな差別が公然と発信されている時代です。性をめぐる問題に関しても、多様な見解が飛び交っています。この時代の「常識的な人間観」「標準的な生き方」などというものを安易に決めつけるわけにはいきません。

そうであればこそ、「人間とは何か」「どのように生きるべきか」という問いに対する私たち自身の選択と決断はますます重く大きな課題になっていると言えるでしょう。このような多様性の時代を生きる私たちにとって大切なことは、いろいろな人間観、人生観を学ぶことであり、またいろいろな人間に出会うことであると思います。そうした学びと出会いが、私たちに新たな気づきを与えてくれます。そうした気づきをとおして、私たちはそれまで抱いていた自分自身の人間観の限界や人生観の狭さに思い至るかもしれません。人間の一生そのものが「人間になっていくためのプロセス」であるとすれば、こうした学び、出会い、気づきをとおして、私たちはそれまでの自分を振り返り、今あるがままの自分を確認し、そしてありうべき自分に向かって一歩一歩を進めていくことになるはずです。

次章で扱う「宗教」とは、おそらく人間の行う営みの中でももっとも深く、またもっとも長く、さらにまたもっとも多様な視点から、「人間とは何か」「どのように生きるべきか」という問題に正面から取り組んできた試みであると思います。さまざまな宗教において幾多の先人たちがその生涯をかけて、人間と人生に対するさまざまな示唆を提示しています。私たちが「人間とは何か」「どのように生きるべきか」を問う時、これらの先人たちの残した思想、経験、実践から学びたいと思います。そうした学びは間違いなく多くのヒントや気づきを私たちに与えてくれることでしょう。

「人間は何ものなのでしょう」（詩編8編5節）

はるか昔に問われたこの問いを、私たちもまた自分の問いとして受けとめ、「人間となっていくためのプロセス」として考えていきたいと思います。

第2章　宗教とは何か

「宗教」について

宗教学者の中には宗教の定義はそれこそ無数にあると言う人もいます。ともあれ、一つの手がかりとして辞典に記された解説を見てみましょう。

「神または何らかの超越的絶対者、あるいは卑俗なものから分離され禁忌された神聖なものに関する信仰・行事・制度。また、それらの体系。帰依者は精神的共同社会（教団）を営む」（『広辞苑』第7版）

この解説によれば、まず宗教とは「神」あるいは「超越的絶対者」あるいは「（何らかの）神聖なもの」を対象とする営みということになります。そうした営みの内容が「信仰・行事・制度」ですが、「信仰」をさらに具体的に表現すれば、教理や法といった個々の宗教の思想や教えの内容、またそれに伴う畏敬や歓喜といった内面的な心性や霊性、さらには信頼や献身といった応答を含む態度ということになるでしょう。また「行事」はそれぞれの宗教の祭礼や礼拝、また修行や祈りや献げものといった行為であり、「制度」はそうした信仰や行事に関わるしきたりやしくみということを意味します。「帰依者」はその宗教の信者、教徒、会員であり、それらの人々が集まって教会や寺のような「精神的共同社会」を作るというのです

ここで考えてみたいのは、なぜこうした宗教という営みが求められるのかということです。人間はなぜ「神」「超越的絶対者」「何らかの神聖なもの」を必要とするのでしょう。なぜ私たちはそうした対象に向かって働きかけ、そうした対象と関係を持とうとするのでしょう。

結論を先取りすれば、そのような働きかけや関係を通して、私たちがその対象から何らかの利益や報いを得るためだと思います。そうした利益や報いは、たとえば、家内安全、長寿や健康、商売繁盛や試験合格など、具体的個人的な願望の成就かもしれませんし、国家社会の繁栄や安定、あるいは天変地異を避ける願いかもしれません。

人間が生きていくためにはいろいろなものが必要です。私たちはそうしたものを生産し

たり加工したり交換することによって手に入れます。宗教もまたある意味で人間が必要とするものを、特殊な対象に対して、特殊なかたちで働きかけることによって、手に入れようとする営みであると言えるでしょう。率直に言って、人は「ご利益《りやく》」を求めて宗教に関わるのです。

キリスト教と「ご利益」

ところで、キリスト教会の中には「ご利益」という表現を好まない傾向があることも事実です。「キリスト教はご利益宗教ではありません」という言葉を聞かれた方もあるかもしれません。しかし、あえて言うならば、ご利益のない宗教などありえないし、仮にそのような宗教があったとしても誰も相手にしないだろうと思います。問題はそのご利益の内容がどういうものなのかということにあるのです。

まず第一に、宗教が与える生活に密着した個別的具体的なご利益について考えてみましょう。聖書に記された神は「恵みの神」「憐れみの神」「愛の神」であり、豊かな配慮と賜物を人間に与えてくださる方であることが強調されています。世界の創造、自然の営み、私たちの生きる社会と隣人の存在などなど……。これらはいずれも神が私たちに与えてくださった、途方もないご利益です。福音書の中でもイエス・キリストは人々の願いに応えて病気を癒やし、悪霊を追放します（たとえば、マルコによる福音書1章21節以下）。使徒言行録にもイエスの弟子たちが奇跡を起こし、人々を救ったと記録されています（たとえば、3章1節以下）。

キリスト教の歴史においても、人々はさまざまなご利益を求めて教会を訪れ、また教会もそうした願いに応えてさまざまな活動を行ってきました。一例を挙げれば、医療や福祉などの分野における、キリスト教の先駆的な働きはまさしく人々を救うご利益にほかなりません。これと同じような働きは仏教など他の諸宗教の歴史にも見られます。人々の苦しみや悲しみに寄りそい、その願いに応え、癒やし、支え、導くという行為は、宗教の果たすべき大切な働きだったのです。

ただし覚えておかなければならないことは、キリスト教の場合、神が私たち人間の願望をなんでもかんでも実現してくださるとは限らないということです。神は時として、私たちが期待するのとはまったく異なるかたちでそうした願望に応えてくださることもあるからです（コリントの信徒への手紙二12章8～9節参照）。

さて第二に、宗教はこうした個別的具体的な問題だけでなく、人間存在の根源にある普遍的な問題にも答えようとします。すなわち第1章で取り上げた「人間とは何か」「人間はいかに生きるべきか」という問題に対しても向き合おうとします。そしてこうした根本的な問題に答える営みこそ、宗教が人間に与える最大のご利益と言えるのではないかと思うのです。

思想信条、生活実践、信仰共同体

近現代以前の時代、宗教には、ここで記した第一のご利益と第二のご利益の双方に応えることが求められていました。しかし第一のものに関して言えば、現在では大きく状況が変わってきています。高度に発達した医療や社会的な福祉が宗教から独立した独自の領域として私たちの生の必要に応えるようになり、また人間の果てしない願望（欲望？）を満たすための技術やサービスがさまざまなかたちで提供されるようになってきました。

現在の世俗社会の中で宗教に期待される領域は今や大幅に縮小され、限定されるようになってきたと言えるでしょう。しかしそのように限定された領域の中で、先に挙げた第二

私の受洗経験

越川弘英

　私が洗礼を受けたのは20歳のクリスマスの時です。京都でひとり暮らしを始め、いろいろな事情から教会に通い始めた年のことでした。牧師から強く勧められた結果の受洗でしたが、振り返って見るとその頃の私はキリスト教の信仰を十分に理解していたわけではなく、むしろ教会の雰囲気、とくに青年会の交わりに魅力を感じて教会に通っていたように思います。

　私の場合、むしろ洗礼を受けた後で、はたして自分が一生涯キリスト教徒としてやっていけるだろうかと真剣に思い悩んだことを覚えています。どうも自信がないというのが本音だったのです。そして悩んだあげくの結論は、「ともかく10年間、キリスト教徒としてやってみる」ということでした。10年経ってまだ信仰を持ち続けているようなら、さらにその次の10年を考えてみようと思ったのです。

　打算なのか妥協なのかよくわかりませんが、当時の私としてはかなり真面目に考えたうえでの結論でした。しかし最初の10年が経つ前に牧師となり、結果的に「さらに10年」という限定はどこかへ行ってしまいました。

　思えば実に幼稚な考えだったのですが、洗礼が一生ものであるということだけは最初から意識していたことになります。そしてこのことだけは、今もなお私の中のどこかに息づいていて、時々あの頃の真剣さを自分の信仰の原点として思い出すのです。

の問題、すなわち「人間とは何か」「人間はいかに生きるべきか」という問題は、むしろ現代社会においてこそ真剣で切実な問いとして浮かび上がってきているのではないでしょうか。

かつては長寿や健康、経済的物理的な繁栄が人生の幸福や人生の豊かさと直結して考えられていたように思います。しかし今の時代において、私たちは必ずしも両者がイコールであるとは限らないことに気づいています。あらためて現代の私たちは「幸福とは何か」「ほんとうの豊かさとは何か」「良い生き方とは何か」「人間らしい人生とは何か」を問う場面に立たされているのです。

それぞれの宗教はこうした問いに対して、それぞれの「教え」をとおして一定の回答を与えようとします。仏教であれば、人間の経験する「苦しみ」という問題を徹底して突き詰めていく中で、因果論を前提として人間の生き方、そして救い（「涅槃《ねはん》」）に至る道を提示します。またキリスト教であれば、神と共に生き、隣人と共に生きる人間の姿を理想としながら、人間の「罪」の問題を見つめ、イエス・キリストによる救いと新生を指し示そうとします。

そして宗教はそれぞれの主張する教えのもとで、私たちが日々の生活にそうした教えを反映させ実践することを求めます。具体的に言えば、それは祈りという行為であったり、礼拝や祭儀への参与であったり、日常の行動や倫理に関わるさまざまな勧めや戒めであったりします。宗教は知的な営みや内面の問題にとどまるものではなく、私たちの精神と肉体、理念と行動の双方に、すなわち私たちのライフスタイル、私たちの人生全体に関わる営みなのです。

さらにまた宗教はそうした教えと日々の生活実践を共有する「信仰共同体」を形成します。信仰共同体は外部に対してその宗教の思想信条を発信すると共に、内部に対してはその宗教に属する人々が信仰生活を共に歩み続けることができるように支え励まします。個々人の信仰生活はこうした共同体の交わりの中で育まれ、また共同体も個々人の献身と参与によって形成されていくのです。

こういうわけですから、ある特定の宗教に関わるということは、その宗教が提示する教えの次元、そこから生じる生活実践の次元、そして信仰を共にする共同体への参与という次元のすべてに関わることを含むことになります。少なくともキリスト教に関して言えば、人々はこれらの三つの次元を通して信仰生活を送ることになるのです。

第２部　キリスト教の信仰

第3章　神——世界と人間の創造

神に生かされている世界

「あなたの天を、あなたの指の業《わざ》を　わたしは仰ぎます。
月も、星も、あなたが配置なさったもの。
そのあなたが御心《みこころ》に留めてくださるとは　人間は何ものなのでしょう」
（詩編8編4〜5節）

「信仰は出会いの贈り物である」（K・バルト『教会教義学』）と言われます。人が生きる意味を探し求める時、すでに神との出会いが始まっています。神は人の知恵によってとらえることはできません。神は人を超越しておられるからです。しかし、人が自分を超えた力によって生かされていると気づく時、「我と汝《なんじ》」という関係の中で、人は神との出会いへ導かれていきます。

キリスト教の信仰は、「神の前に生きる私」を知ることから始まります。人生の歩みの中で、「自分で生きてきた」と思っていたところから、「神に生かされている」という気づきが与えられる、そして、「人生は私に何を与えてくれるだろうか」という問いが、「私は神にどのように応えることができるだろうか」という問いへの転換へと導かれていきます。キリスト者として歩み始めることは、神に生かされている者として生きることにほかなりません。

聖書の冒頭に「初めに、神は天地を創造された」（創世記１章１節）とあります。「初めに」とは、最初という意味であり、いちばん大切なという意味でもあります。神は世界とすべてのものを創造されました。どのようにして造られたのかではなく、「世界はなぜあるのか」「人間はなぜ生きていくのか」という根源的な問いに対して、もっとも大切なことを伝えようとしているのです。

神が初めに語られたのは「光あれ」でした。世界には、そして私たちの人生には、しばしば、「なぜこのようなことが」と絶望してしまうような出来事が起こります。それまでの安定や秩序を失い、混沌の中に放り出されてしまうような経験をすることがあります。

生きていく意味を見失い、自暴自棄になることがあるかもしれません。

創世記1章が伝えているいちばん大切なこと。それは、闇の中にいると思っていた絶望的な状況の中で、神が秩序、光、希望を与えておられるということです。この世界は神の意志のもとにあり、神が導いておられるということを「摂理」と言います。その世界を共に生きるようにと神は語りかけられるのです。神は語りかけることによって、世界とそこにあるすべてのものが愛に基づいて生きていくことができるように招いておられます。

人間――神の似像

「神は御自分にかたどって人を創造された」（創世記1章27節）。人は神に似せて創られました。古代エジプトやメソポタミアでは「神の似像《にすがた》」は王や限られた者に対して使われる言葉でした。しかし聖書は、すべての人が等しく神に似せて創られたのであり、「尊厳」をもっていると伝えます。私たち一人ひとりは神の前にかけがえのない存在であり、だれひとり代わりになることができません。

神は人に語りかけ、呼びかける方です。「ヤコブよ、あなたを創造された主は　イスラエルよ、あなたを造られた主は　今、こう言われる。恐れるな、わたしはあなたを贖《あがな》う。あなたはわたしのもの。わたしはあなたの名を呼ぶ」（イザヤ書43章1節）。ヤコブは創世記に出てくるイスラエル民族の祖先であり、神に呼びかけられた人でした。

人は神の呼びかけに応えるようにと創られました。神と人は呼びかけ（call）、そして応える（response）という人格的な呼応関係にあります。人が神の呼びかけにどのように応えるのか、そこに人の責任（responsibility）があります。

神は人に対して「産めよ、増えよ、地に満ちて地を従わせよ」（創世記1章28節）と言われました。それは自らの利益のために自然を支配し、破壊するのではなく、調和して共に生きていくことです。人は、神が創られたもの（被造物）が共に生きていくことができるように配慮し、考えて行動することが求められています。

神は「人が独りでいるのは良くない」（創世記2章18節）と人が他者と共に生きるようにされました。人は互いにつながり合い、協力し合って、神の平和（ヘブライ語で「シャローム」）を創り出す者として生きていくように招かれています。

罪――関係の断絶

あなたは「どこにいるのか」（創世記3章9節）。神からの呼びかけは、人が神から離れて生きていることへの問いかけともなります。神に愛されている存在であることを忘れる時、人は隣人も神の前にかけがえのない存在であることを見失います。相手の尊厳を大切にすることより、支配、被支配の関係の中で、道具として利用することにのみ腐心します。そして、他者からの呼びかけに耳を貸さず、また相手の存在を無視するという暴力や不正に生きるようになります。

人は本来、神に応答すると同時に、隣人からの呼びかけに対して応えていくという両面をもって生きています。しかしそのように神の前に生き、隣人と共に生きていることを見失うと、人は、「神のようになろう」と自己絶対化の誤った方向へ歩き始めます。また真の根拠を失った人は、神ではないものに自分を保証してくれるもののようにしがみつき、それにとらわれてしまいます。武力や財力、権力など神以外のものを神であるかのようにして追い求め、「的《まと》外れ」の生き方をしてしまうのです。そのことによって、自分自身を見失うばかりでなく、隣人との関係も壊してしまうことになります。

罪は、神、隣人、そして自分自身を見失い、関係が断絶している姿を現しています。そこではもはや、神の似像として創られ、神と対話をする存在であった人と神との人格的な関係は失われています。

神は、そのような絶望の中から私たちを呼び戻そうと呼びかけられるのです。

歴史において働かれる神――イスラエルの選び

聖書は神が具体的な歴史において働きかける方であることを証ししています。創世記にはメソポタミア地方を旅立ったアブラハムに率いられた人々がカナン（パレスチナ）地方に移住し、さらにイサク、ヤコブ、ヨセフらの時代を経てエジプトに移住するまでが記されています（12～50章）。

「あなたの神、主は地の面《おもて》にいるすべての民の中からあなたを選び、御自分の宝の民とされた」（申命記７章６節）

イスラエルは「どの民よりも貧弱であった」（同７節）にもかかわらず、むしろそれゆえに、神を礼拝する民として選ばれたのでした。選ばれた民は神への応答として、神の意志を聞き、その約束（契約）を守ることを中心に生きるように求められました。

しかし、イスラエルは目に見えない神に信頼するよりも、人が作った偶像を拝み、神との契約を反故《ほご》にしました。また、世界の大国の狭間《はざま》にあって常に存亡の危機にさらされていたイスラエルは、周囲の国の力や王に拠り頼もうとしました。

そのようなイスラエルには、それぞれの時代に神からの言葉を聞き、それを人々に伝える「預言者」が現れました。預言者たちは神から離れた道を歩む王や民に審《さば》き（裁き）を伝え、繰り返し神のもとに立ち帰るように語りかけました。

イスラエルは北王国が紀元前721年にアッシリアによって、南王国が紀元前586年バビロニアによって滅ぼされました。そして南王国の人々は首都バビロンをはじめとしたバビロニアへ強制的に移住させられました（バビロン捕囚）。

バビロン捕囚という未曾有《みぞう》の破局の経験をした民は、預言者を通して「わたしはあなたを選び、決して見捨てない。恐れることはない、わたしはあなたと共にいる神」（イザヤ書41章9〜10節）という神の呼びかけを聞きました。

神は「彼のゆえに、胸は高鳴り　わたしは彼を憐れまずにはいられない」（エレミヤ書31章20節）と語られます。神の「憐れみ」という語は元来、「内臓／はらわた」、あるいは

「子宮」を意味しています。神は人の呻《うめ》きを聞いてくださる方であり、その苦しみのために「はらわた痛む」方なのです。その痛みは人を生かそうとするための「産みの苦しみ」とも表されます。

国の滅亡とバビロン捕囚という苦難の中で、人々は根っこから揺り動かされました。今まで信じていた事柄がすべてひっくり返されてしまうような経験の中で、人々は礼拝において繰り返し、「神はお造りになったすべてのものを御覧になった。見よ、それは極めて良かった」（創世記１章31節）と言われるのを聞きました。「良い」というのは、美しい、欠けがないということです。人々は神の祝福の宣言によって再び起き上がり、神を賛美する者へと変えられていったのです。

エレミヤという預言者は神と契約の民の関係を次のように語りました。

「見よ、わたしがイスラエルの家、ユダの家と新しい契約を結ぶ日が来る……わたしの律法を彼らの胸の中に授け、彼らの心にそれを記す」（エレミヤ書31章31〜33節）

イスラエルは神の契約を胸に、救いの到来を待ち望む民として歩むこととなったのです。

第4章　イエス・キリスト――和解

神からの、救いの道

キリスト教の信仰の中心は、「イエスは主である」という告白にあります。「イエス・キリスト」の「イエス」は当時のユダヤ人の名前ですが、「キリスト」（ヘブライ語では「メシア」）は「油注がれた者」という意味で、救い主のことです。

イエスは紀元前後にパレスチナに生まれ、約30年の生涯を過ごしました。神はイエス・キリストにおいて人間となり、人間の生活を生きました。「言《ことば》は肉となって、わたしたちの間に宿られた」（ヨハネによる福音書1章14節）。イエスは私たちと同じように飢えや渇きを覚え、枕するところを求めました。そして、共に歩み、祈ってくれる友と過ごしました。

イエスは「わたしたちの弱さに同情できない方ではなく、罪を犯されなかったが、あらゆる点において、わたしたちと同様に試練に遭われた」（ヘブライ人への手紙4章15節）。まさに暗闇の中を歩んでいる一人ひとりと共に歩まれたのです。神は人となり、自分のあり方を献げて、人と共にあろうとされたのです。神が人を愛しぬこうとされたゆえでした。

人は神を見ることはできません。しかし、イエス・キリストという人格と働きをとおして、神の働きと愛を知ることができるようになりました。イエス・キリストは神の「独《ひと》り子」であり、神の方から人へと伸ばされた救いの道でした。初代教会の人々は、このイエス・キリストこそが「まことの神であり、まことの人である」と信仰において受け止めるようになりました。

「神は、その独り子をお与えになったほどに、世を愛された。独り子を信じる者が一人も滅びないで、永遠の命を得るためである」（ヨハネによる福音書3章16節）

神の国の福音

イエスの宣教活動は「時は満ち、神の国は近づいた。悔い改めて福音を信じなさい」（マルコによる福音書1章15節）という宣言から始まりました。

イスラエルは大国の支配を受け続け、イエスが生きた時代にはローマ帝国の支配下にありました。人々は帝国から解放され、永遠の王国が与えられることを期待しました。神の国の待望は、救い主を待ち望むユダヤの人々の間に広まっていました。

その人々に対して、イエスは神の国をさまざまなたとえを用いて語りました。「貧しい人々は、幸いである、神の国はあなたがたのものである」（ルカによる福音書6章20節）のように、神の国を静止した状態としてとらえるのではなく、貧しさや悲しみの中で分かち合う関係に目を向けるようにと示しました。神の国は目に見えない神の支配のことであり、神が支配されるところでは、差別や貧困が逆転するというのです。神の国では、一人ひとりが尊厳を回復し、神に与えられた命を輝かせます。

イエスはご自分の元に集まった人々と共にパンを分かち合いました。それは来るべき神の国の祝宴の先取りであり、分断や差別によって引き裂かれている現実の中で、神の国を待ち望むしるしです。

またイエスは当時の社会では後回しにされた人々と共に歩みました。罪人と決めつけられた人々や、病人など、社会の周縁に追いやられていた人々にイエスは出会い、どんなに小さくされた命とも共にいることで、神の愛はすべての人に注がれているということを明らかにしました。イエスは神の国を待ち望むだけではなく、日常の生活において神の国を生きようとしました。

イエスと出会った人々は、神からの「あなたはわたしが創った、大事なかけがえのない人」というメッセージを受け取りました。それは何にも代えがたい「良き知らせ」、すなわち福音でした。そして、人はいかに自分が神に創られた本来のあり方から離れていたかを知るのです。

新約聖書で「罪」と訳されるギリシャ語の「ハマルティア」は本来、「離れる」という意味です。私たちは、神から離れ、隣人から離れて、自分のあり方からも離れてしまいました。そのようなあり方を「的外《まと》れ」と言います。人生の「的外れ」によって、生きる意味を見失っている、そのことによって、自分を否定し、隣人を傷つけているのではないでしょうか。

そこからもう一度戻ることが「悔い改め」です。「悔い改め」は「戻る」「立ち返る」ことです。愛されている自分を見出して、向き直ることです。人は神の愛に触れて自分の罪の姿に気づき、立ち返ることができます。それは神の愛が導くものであり、悔い改めはその応答なのです。

癒やしと救い

イエスは病《やまい》の人々を癒やしました。当時、人々は病によって身体の不調のみならず、社会から疎外されるという二重の苦しみを負っていました。イエスは一人ひとりに「手を差し伸べてその人に触れ」（マルコによる福音書1章41節）ました。その人の傷ついた心と体に触れて病を癒やし、人々との関係を回復したのです。癒やしは身体的、精神的、社会的な回復にとどまらず、生きる希望を見出すという霊的な癒やしでもありました。癒やしを与えられた人は再び、神と隣人と共に歩むことができるようになります。

イエスは神の愛が世に対してのみならず、一人の私という小さな存在に対しても注がれていることを伝えました。百匹の羊のたとえ（ルカによる福音書15章1～7節）は、その内の一匹が見失われてしまったという出来事から始まります。神の愛は、九十九匹をその場に置いてでも、一匹をたずね求めます。神は失われた者を「探し求める神」です。だれもが「かけがえのない一人」であるからです。

そして、見つけ出すと「見失った羊を見つけたので、一緒に喜んでください」（同6節）と人々を呼び集めて、祝ってくれるようにと言います。失われた一人が「死んでいたのに生き返り、いなくなっていたのに見つかった」（同24節）ことは、少数の側に立っている人、社会の周縁に追いやられているために見失われていた人が回復されることです。それは見失われていた人にとって救いであるだけではありません。その一人が共にいてこそ、神の民としての姿が回復されるのです。

弟子であること

神の救いの業《わざ》はイエス・キリスト一人で進められたのではありませんでした。イエスは働きを共に担うようにと弟子たちを招かれました。神の救いの業は呼びかけに応えた一人ひとりによって伝えられ、手渡されていきます。

イエスの弟子とはどのような人なのでしょうか？　弟子となるには何か資格や資質が必要なのでしょうか？　弟子とは、イエスの教えを生きようとする人のことでしょう。

あるときイエスはユダヤの宗教的な指導者から、もっとも大切な戒めは何かと尋ねられました。イエスが「あなたは……どう読んでいるか」と反問するとその指導者は、「心を尽くし、精神を尽くし、力を尽くし、思いを尽くして、あなたの神である主を愛しなさい、また、隣人を自分のように愛しなさい」（ルカによる福音書10章27節）であると答えました。そして逆にイエスに、「隣人とはだれですか」と問うたのです。それに対してイエスはこんなたとえ話を語りました。

「あるユダヤ人が旅の途中で強盗に襲われて倒れていた。やがてそこにユダヤの宗教的指導者である祭司とレビ人が通りかかった。しかし彼らは見て見ぬふりをして通り過ぎてしまった。ところが次に、ユダヤ人から嫌われていたサマリア人の旅人が通りかかった。すると彼は倒れているユダヤ人を憐れに思って近づき介抱した……」

イエスはこのたとえ話をして彼に尋ねます。「だれがこの人の隣人となっただろうか」と。指導者が「その人を助けた人です」と答えると、イエスは「あなたも同じようにしなさい」と招きました（ルカによる福音書10章25〜37節）。

イエスの福音は、痛み、苦しむ人への「憐れみ」（共苦）につき動かされる者によって、伝えられていくのです。

イエスの弟子には、当時ユダヤを支配していたローマ帝国のための徴税をしていた者もいれば、ローマからの独立のためには武力をも辞さないという立場の者もいました。また彼らは、イエスに対する救い主としての期待から、「誰がいちばん偉いのか」と議論し合うような集団でした。そのような弟子たちに対して、「いちばん先になりたい者は、すべての人の後になり、すべての人に仕える者になりなさい」（マルコによる福音書９章35節）と告げられました。

イエスは死の直前の食卓で弟子たちの足を洗いました。当時それは下僕（奴隷）の仕事でしたが、そのことによって「すべての人に仕えるあり方」（サーバント・リーダー）を示したのです。

そして弟子たちに、「わたしがあなたがたを愛したように、あなたがたも互いに愛し合いなさい」（ヨハネによる福音書13章34節）と言葉を遺されたのでした。イエスの弟子であることは互いに愛し合う者であることで、周りに知られるようになるのだ、と。

十字架

イエスは最後の晩餐を弟子たちと囲みました。その食卓についたのは、イエスを裏切ってユダヤの指導者に引き渡そうとしているユダ、やがてイエスを否むことになるペトロ、イエスが捕らえられると逃げてしまう弟子たちです。そこで共にパンを裂き、杯（ぶどう酒）を飲みました。それは、どのようなことがあっても、神は愛する者たちを決して見捨てることはないという、赦《ゆる》しと招きを思い起こさせる出来事となりました。

やがてイエスは逮捕され、違法な裁判によって十字架刑に処せられます。茨の冠を被せられ、刑場へと引かれて行きました。その姿は「屠《ほふ》り場に引かれる小羊のよう」（イザヤ書53章7節）でした。

イエスが十字架にかけられた時に語った言葉が福音書に残されています。「わが神、わが神、なぜわたしをお見捨てになったのですか」（マルコによる福音書15章34節）という悲痛な叫びもその一つです。それは、歴史の中で不条理に負わされた苦しみを前に、神が沈黙しておられることを嘆き、叫ばれた言葉でもありました（詩編22編2節）。初代教会の人々は十字架のイエスに、歴史の中で苦難を引き受ける人の姿を見たのです。

旧約においては、人の罪は犠牲を捧げることによって赦しが与えられると受け止められていました。イエスの死も「十字架にかかって、自らその身にわたしたちの罪を担ってくださいました。わたしたちが、罪に対して死んで、義によって生きるようになるため」（ペトロの手紙一2章24節）と理解されました。イエスが受けられた傷による赦しによって、人は神の愛に生かされる者となりました。

復活

「十字架につけられたイエスを捜しているのだろうが、あの方は、ここにはおられない。かねて言われていたとおり、復活なさったのだ」（マタイによる福音書28章5～6節）。「あの方は復活された」、これがキリスト教信仰の出発点です。人の死ですべてが終わり、閉じられるのではない。神がその命をつかさどり、そして神との永遠の関わりの中で生かしておられるのです。人の目から見た終わりは、実は新しい始まりであり、神が始められる世界が広がっていくのです。

イエスが十字架についた時にイエスを裏切り、逃げ出した弟子たちは、再びイエスと出会う経験をします。イエスが葬られている墓場へ行ったマグダラのマリア、そしてイエスの弟子たちは、墓にはイエスがおられないと知らされます。そのことを他の弟子たちにも知らせました。

エルサレム近郊のエマオという村へ向かっていた二人の弟子は、一緒に歩き始めたのが、復活のイエスであるということに気づきませんでした。しかし、共に食事の席に着き、パンを裂いて渡された時に、それがイエスご自身であることに目が開かれました（ルカによる福音書24章13〜32節）。それから、イエスによって示された愛を伝えるために生きていく力を、新しい生を与えられていきます。

挫折を経験したり、大きな困難に出会う時、いつも思い出すある説教者の言葉がありま す。「信仰者にとって、終わったと思うところがいつも始まりです。そこから神さまの支え、力が始まるのです。そこで、私たちは、平安を受け取ることができるのです」。

絶望を知らないのではありません。絶望はあるのです。理不尽に奪われていく命があり、不条理の中でもがく時があります。しかし、それは神の愛によって包まれています。復活されたイエスに出会った一人ひとりは、神の前にかけがえのない「わたし」であることに気づき、自分の命を用いて、神の愛に応えて生きる者とされるのです。

第5章　聖霊――共に生きることへの招き

命の息

聖霊とは神が今の私たちに対して働きかけておられる力です。イエス・キリストの出来事はすでに起こったことです。しかし、それがまさに今を生きる私たち一人ひとりにとっての救いの出来事であることを受け入れることができるのは、神の力によってです。聖霊は、神と独り子なるキリストと共に、私たち一人ひとりが神の救いに生きるように働きかける力なのです。

聖書は聖霊を、世界の初めから働く神の力として表現しています。世界の初め、「地は混沌であって、闇が深淵の面《おもて》にあり、神の霊が水の面を動いていた」（創世記1章2節）。世界が形をなしておらず、秩序を失っている時に、親鳥が雛《ひな》を羽で覆うように、神の霊がこの世界を覆っていたというのです。神はこの世界を、命と力と愛で包み込むようにして産み出されたのだ、と。世界は神の意志と愛のもとにあります。神の霊は世界と人を育み、働きかける力です。

創世記2章7節には、「主なる神は、土（アダマ）の塵で人（アダム）を形づくり、その鼻に命の息を吹き入れられた。人はこうして生きる者となった」と記されています。

「命の息」は「霊」という意味もあります。人間は土の塵から創られ、土に還る存在です。同時に、命の息、すなわち神の命、神の力、神の愛が吹き入れられて生きるものになります。ただ食べて眠って日を過ごすのでも、強い力を持っている者が支配するというのでもありません。共に生きていくためには何が必要かを考え、分かち合うことの恵みに気づきます。

「命の息」を吹き入れられた人間は、神と人と、人格的な呼応関係の中で生きるものとなります。そのことによって、生きることの意味が与えられます。終末期の全人的医療などでも、身体的、精神的、社会的な側面と、霊的（スピリチュアル）な側面に目を向けることが提唱されています。それは人生の意味を問うこと、「生きていて、意味があるのか？」「なぜ、私が苦しまなければならないのだろうか？」「私がしたことは赦されるのだろうか？」などの、いわば魂の課題と向き合うことと言うことができるでしょう。聖書は、命の息が与えられることによって、神の前に生きる人間の人間らしさを伝えています。

崩壊から再生へ

聖霊は人が目を背けようとする現実に目を向けさせる力ともなります。預言者エゼキエルが主の霊によって連れ出されて幻として見たのは、累々《るいるい》と折り重なる「甚《はなは》だしく枯れた骨」でした（エゼキエル書37章）。枯れた骨とは、憂いに満ちた魂をもった人間のことです。それは、バビロニア帝国によって滅ぼされ、希望を失ったイスラエルの人々の姿でした。

神はエゼキエルに、神の言葉を聞くことによって聖霊が与えられ、絶望の淵にいる者、破れはてた民が再生されると告げます。

世界には人と人を分断して孤立させ、神から離れさせようとする力が満ちています。効率や生産性のみを追い求める社会では、人は「役に立つか否か」という点でのみはかられ、自分もそのように受け止めて苦しんでいるのではないでしょうか。燃え尽き、枯渇していることに気づかず、自らを傷つけているかもしれません。

人は相互に支え合い、助け合って生きるように創られた存在です。そのあり方を失った時、神と人と結び合わされた本来の姿から遠ざかっています。聖霊は交わりを回復させる力であり、祈りの力です。エゼキエルが伝えたように、神の言葉を聞くことによって聖霊が与えられ、癒やしと再生へと導かれていきます。

言葉の回復

聖霊はシンボルで表されることがあります。イエスが洗礼を受けた際には、霊が鳩のように降《くだ》ったとあります。聖霊は炎や舌でも表されます。イエスの死と復活の後、弟子たちや女性たちは共に集い、祈っていました。ペンテコステ（50日目という意味）にその群れに炎のような舌が現れ、一人ひとりの上にとどまりました。一同は聖霊に満たされて福音を伝える者に変えられていったのです（使徒言行録2章3〜4節）。

それは、過越《すぎこし》という祭りでの出来事でした。世界各地で離れて暮らしている（ディアスポラ）ユダヤ人たち、つまり言語が違う人々が祭りのためにエルサレムに集まり、そこで自分にわかる言葉で福音を聞いたという出来事でした。言葉の分裂が癒やされ、福音が届くことによって、信仰以外に共通点のない人々が神の民となることができたのです。多様性の中の一致という共同体のあり方が、ここに生まれました。

聖霊は人間を包む神の力であり、私たちをイエス・キリストに固く結び合わせます。祈りの集いに聖霊が与えられたことによって、それぞれがキリストの命と力と愛の中に入れられているということを確かに受け止めました。臆病で弱かった者が、福音を語る者、恵みの器となって用いられていきました。

弟子のペトロはイエスが捕らえられた際にイエスを否んだ挫折から、復活のイエスとの出会いによって、使命に生きる者へと変えられました。ペトロは聖霊によって、イスラエルの歴史をイエスの十字架と復活によって見直す力強い説教を語ります（使徒言行録2章14節以下）。その言葉を聞いた人々はペトロに「わたしたちはどうしたらよいのですか」と尋ねます。聖霊によって説教が語られ、聞く人の心が開かれる時、説教は神の言葉となるのです。

このように、神の方へ向き直り、自己変革が起こっていくのは、私たち自身の力ではなく、聖霊の働きによるものです。「聖霊によらなければ、だれも『イエスは主である』とは言えないのです」（コリントの信徒への手紙一12章3節）。

聖霊によって、私たちにも語る言葉が与えられます。「コミュニケーション」は「分かち合う」という意味の言葉から来ています。一人ひとりの言葉で復活の主との出会いが分かち合われる時、神によって生かされている者の交流が形作られるのです。そこに生ける言葉の回復がもたらされます。

教会の誕生

聖霊は教会を生み出します。神の前に共に生きていく群れです。ペトロたちの説教によって悔い改めに導かれた人々は、洗礼を受けて教会を形作っていきました。このように、ペンテコステは聖霊が降り、新しい神の民が生み出された時でした。

「キリストにおいて、あなたがたも共に建てられ、霊の働きによって神の住まいとなるのです」（エフェソの信徒への手紙2章22節）。このような、神の家族として建てられている教会、その一つの具体的な表れとしてあるのが、私たちの教会です。聖霊によって新しい命と愛を与えられて、共に生きる場です。

私たちの目には全く偶然と思われるような出会いが、救いの道へつながっているという経験をすることがあります。使徒言行録には、迫害を逃れてエルサレムからサマリア地方に向かったフィリポが、エチオピアの女王に仕える高官に聖書を教え、洗礼を授けたことが記されています（8章26～38節）。迫害で散らされていく先で、救いを求める人と出会いました。出会いは聖霊によって与えられます。そして、民族やさまざまな相違や境界線を越えて、神の民が広がっていったのです。

聖霊によるイエス・キリストとの人格的な交わりを土台にして、教会は「神により呼び集められた群れ」（ギリシャ語で「エクレーシア」）となります。

シャロームを求めて

教会は集められ、散らされる民でもあります。社会のただ中で生きる私たちは、神の国の福音を携えてそれぞれの場へと祝福と共に派遣されます。そこで多くの課題と出会うでしょう。パウロは「被造物がすべて今日まで、共にうめき、共に産みの苦しみを味わっていることを、わたしたちは知っています」（ローマの信徒への手紙8章22節）と語りました。人間のみならず、神に創られたすべてがうめいています。「自然のうめき」としての生態

私の受洗経験

増田　琴

「琴を奏でて主に感謝をささげ」（詩編33編2節）。私の名は牧師であった祖父によって、詩編から名づけられました。

両親とも牧師の家庭に生まれ、私も文字どおり「母の胎内」から賛美歌を聞き、教会で育ちました。洗礼を受けたのは小学校4年生のクリスマスのこと。親や教会の信仰によって洗礼を授ける幼児洗礼の伝統のない教会でしたから、洗礼は自分の意志によるものでした。

その時に牧師であった父から問われたのはただ一つ。「これからの人生で礼拝を捧げることを大切にするか？」

両親は開拓伝道で鳥取県へ派遣され、その後も別の鳥取県の教会で40年間伝道しました。キリスト教が根付いていない土地柄で「礼拝を捧げる生活」は、地方の中で異質性を引き受けるマイノリティ（少数者）として生活することでもあります。日曜日に学校の行事や試験が行われるたびに、礼拝を優先することの難しさに向き合いました。牧師になるべく神学校へ進み、日曜日に学校行事ではなく礼拝に出席することで、学校が欠席とされることとは信教の自由に反することを問う「日曜日訴訟」に出会ってから、それは社会的な課題でもあると知りました。

葛藤や反抗、反問。邂逅《かいこう》と受容。今に至る40数年にわたる信仰生活の歩みの、それは紛れもなくスタートだったのだと思います。

系の破壊や、経済的な格差による貧困の問題、暴力や虐待によって奪われていく命や尊厳……。

すべてのものが、神が創造の際に「良い」と言われた、祝福された姿となることを待ち望んでいます。自分らしくいきいきと生きることができる、それをシャローム（ヘブライ語で「平和」の意味）と言いますが、そのことを待ち望んでいるというのです。そこに「産みの苦しみ」がある、と。

シャロームは静止している状態ではなく、課題と取り組み、愛における協働がなされる動的な状態です。それには何より、祈りが求められます。「わたしたちはどう祈るべきかを知りませんが、〝霊〟自らが、言葉に表せないうめきをもって執り成してくださるからです」（同26節）。そこに、私たちが祈ることの基盤があります。

神の国はいまだ到来していませんが、イエス・キリストの救いはすでに起こっており、その力は私たちの内に聖霊として与えられています。聖霊を受けることによって、希望をもって生きる者とされるのです。聖霊は神の国を待ちつつ、急ぎつつ、「マラナ・タ」（主よ、来りませ）と祈る一人ひとりと共に働かれます。

第3部　聖　　書

第6章　聖書はどのような書か

聖書は古典文学か

皆さんは聖書をお持ちでしょうか。おそらく皆さんが持っている聖書は、日本聖書協会の「聖書　新共同訳」か、新日本聖書刊行会の「聖書　新改訳」でしょう。あるいは、つい最近刊行された「聖書協会共同訳」や「聖書　新改訳2017」かもしれません。ほかにもたくさんの日本語訳聖書があります。どの翻訳聖書でも問題ありません。皆さんに聖書に興味を持っていただき、またぜひ読んでいただくために、これから入門的な紹介をさせていただきます。

聖書とはどういう本でしょうか。聖書は英語でBible（バイブル）と言います。バイブルとは「本」という意味です。もともと古代ギリシャ語のビブリオン（複数形ビブリア）

に起源します。これは、パピルスから作られる紙でできた「書物、巻物」を意味しました。このギリシャ語からバイブル（聖書）という言葉ができました。The Bible と表記されますから、聖書はまさに書物の中の書物、最も重要な本と言うことができます。

この聖書はキリスト教では正典とも呼ばれます。正典とは、その宗教の土台となる経典のことです。聖典と言い換えてもよいでしょう。キリスト教では旧約聖書と新約聖書の両方が正典です。ユダヤ教は旧約聖書のみを正典とし、新約聖書は退けられます。ですから、「聖書」と言っても、キリスト教とユダヤ教ではイコールではありません。ちなみに、イスラム教の正典であるコーランには旧約聖書と新約聖書の思想が色濃く反映されています。

いきなり「正典」という言葉を持ち出しましたが、それはどういうことを意味しているのでしょうか。たとえば、仏教では無数の仏典が正典とされます。それに対して、キリスト教は一冊の聖書が正典です。正典（カノン）は規準や規範を指します。カノンはヘブライ語で測り竿《さお》という意味で、そこから規準という意味が生まれました。つまり、聖書はキリスト教の規準という意味において「正典」なのです。それは、聖書が普通の本とは異なることを意味します。たとえば、日本には古典文学として源氏物語があります。千年以上も日本人に愛読されて来た古典中の古典。聖書も源氏物語も古典としては同じです。けれども、聖書が正典であるということは、聖書と源氏物語を同列に扱うことはできないということです。キリスト教の正典としての聖書は、常に私たちの生活そのものの中で読まれる信仰の規範だからです。

テモテへの手紙二3章15～16節には聖書についてこう記されています。「この書物は、キリスト・イエスへの信仰を通して救いに導く知恵を、あなたに与えることができます。聖書はすべて神の霊の導きの下に書かれ、人を教え、戒め、誤りを正し、義に導く訓練をするうえに有益です」。聖書は人が書いた書物ですが、それにもかかわらず「神の霊の導きの下に書かれ」た神の言葉だと説明されます。聖書が「神の言葉」だということについては、おいおい説明することにします。

聖書は信頼できるか

ところで、皆さんは「国際ギデオン協会」という団体を知っているでしょうか。聖書の無料頒布《はんぷ》をしている世界的な団体です。皆さんの教会にもギデオン協会に所属している方がいるかもしれません。世界を旅すると、たいていのホテルの客室には、このギデオン協会の新約聖書が置かれています。ホテルに宿泊する人がそれを開いて、人生の慰めや希望を見いだしてほしいという切なる願いから、各部屋に置かれているのです。聖書は成立してから２０００年たちます。その長い歴史を超えて、今もこの私たちの世界で信頼しうる書物です。

聖書の成り立ちについてお話しをしましょう。先ほど「一冊の聖書」と述べましたが、正確には旧約聖書と新約聖書を合わせて「一冊」という意味です。さらに細かくは旧約39巻、新約27巻に分かれます。ちなみに、皆さんは旧約聖書に「続編」があることをご存じでしょうか。外典とも呼ばれます。この「続編付き」聖書は、カトリック教会で用いられますが、プロテスタント教会では使われません。

旧約聖書と新約聖書では成り立ちが異なります。旧約聖書は新約聖書が記される前にすでに存在していました。イスラエルの人々によりイスラエル民族の遺産として、数百年にわたって書き記されました。イスラエル民族は神の民として王国を形成しましたが、大国の侵略によって滅亡し、捕囚の民となって民族が離散するという絶望的な経験をしました。その苦難の経験を経て、旧約聖書は多くの人々の手によって記述されました。これはヘブライ語で書かれています。旧約聖書という現在の形で正典となったのは紀元1世紀と言われています。ちょうど、イエス・キリストが地上の生涯を終え、最初の教会が生まれた時代です。その頃、ギリシャ語に翻訳された旧約聖書が教会の礼拝で読まれ、その言葉の中にイエス・キリストを預言する言葉が読み取られました。つまり、初期の教会では旧約聖書が「聖書」だったのです。それと同時にイエスの生涯を記した福音書やパウロが書き送った手紙が教会で朗読されるようになりました。これが新約聖書です。こうして、キリストを預言する旧約聖書とキリストを証言する新約聖書が一つの聖書となって、教会で正典と認められるに至ったのです。紀元3世紀頃と言われています。ヘブライ語で書かれた旧約聖書とギリシャ語で書かれた新約聖書が、教会の聖書となりました。

旧約聖書も新約聖書も写本によって今日に至るまで伝承されてきました。つまり、手書きで書き写されたのです。15〜16世紀以降、印刷術によって大量に生産されるようになりましたが、それ以前は手書きの聖書です。今日でも古い写本が残っていますが、いわゆる聖書原本はないのです。聖書の原本がないのだったら信用できないなあ、と皆さんは思うかもしれません。ところが、今から70年ほど前、パレスチナにある死海沿岸のクムランの洞窟からおびただしい旧約聖書の写本が見つかりました。それは、なんと今から2000年前に書き写された写本群だったのです。多くは断片ですが、その中で、イザヤ書の巻物は完全な形で見つかりました。それを現在のイザヤ書と比較してみると、ほとんどぴったりでした。つまり、２０００年の間、旧約聖書のヘブライ語はそのまま正しく筆写され、保存されてきたということが証明されたわけです。驚くべきことです。「聖書は誰かがでっちあげた文書で、信用できるものか」、と言う人がいますが、聖書時代の息吹をそのまま現在に伝える文書なのです。

聖書は役に立つか

はたして聖書は皆さんの役に立っているでしょうか。２０００年も昔に書かれた聖書が、今、私たちの利益になるでしょうか。

聖書の言葉が私たちの生活の中でときどき顔を出すことがあります。あるテレビドラマで、ヒロインが思いがけず過酷な試練に直面した時に「神は決して耐えられない試練を与えない」と自らを奮い立たせるシーンがありました。決めぜりふと言ってよい感動的な言葉です。これはコリントの信徒への手紙一10章13節に由来します。「神は真実な方です。あなたがたを耐えられないような試練に遭わせることはなさらず、試練と共に、それに耐えられるよう、逃れる道をも備えていてくださいます」。キリスト教人口が1％に満たない日本で、途方に暮れた時にこうした聖書の言葉が顔を出すのですね。

公立学校の卒業式の時など校長先生が「地の塩となれ」とか「狭き門から入れ」と語るのを聞いて、皆さんはどこかで聞いた言葉だなあと思うでしょう。いずれも聖書の言葉です（マタイによる福音書5章、7章）。人生の岐路に立つ時、聖書の言葉がヒントになるのは確かです。私自身も、誰か道に迷う人に励ましを送る時には、箴言の言葉を書き添えることにしています。「心を尽くして主に信頼し、自分の分別には頼らず　常に主を覚えてあなたの道を歩け。そうすれば　主はあなたの道をまっすぐにしてくださる」（箴言3章5～6節）。聖書の言葉はそのつど読み手に不思議な力を与えてくれます。

すでに一般的な教訓となっている諺《ことわざ》もあります。「汝《なんじ》の敵を愛せよ」「働かざる者は食うべからず」などなど。皆さんも知っているでしょう。「目からウロコ」なんていう言葉も聖書に由来します。これは、かつて迫害者であったパウロがキリストに出会って盲目になった時、アナニアという人が彼を導き教えると、パウロの「目からうろこのようなものが落ち」て、見えるようになったからなのです（使徒言行録9章18節）。

聖書が役に立つかと問いますと、どうしても功利性や有用性を考えてしまいますが、聖書の言葉そのものが私たちの生きる力になるのです。実際、この聖書の言葉で2000年の間、無数の人々がそれぞれの人生を生き抜いてきました。生きづらい今の時代に、聖書の言葉は私たちに寄り添い、慰めを語ってくれます。「あなたがたには世で苦難がある。しかし、勇気を出しなさい。わたしは既に世に勝っている」（ヨハネによる福音書16章33節）、「わたしの目にあなたは価《あたい》高く、貴く　わたしはあなたを愛し　あなたの身代わりとして人を与え　国々をあなたの魂の代わりとする。恐れるな、わたしはあなたと共にいる」（イザヤ書43章4～5節）。これらの言葉を読めば、誰でも元気が出てくるのではないでしょうか。

いや、聖書はお守り程度の効力に矮小化《わいしょうか》されません。たとえば創世記のヨセフ物語（37章以下）では、ヨセフは、これでもかと言わんばかりの厳しい試練に出会い、絶望のどん底につき落とされました。けれども、そのヨセフの人生には神の計画がありました。彼の試練のすべての意味は、やがて神の壮大な歴史の実現において明らかにされます。この物語を読んで戦慄《せんりつ》を覚えない人はいないでしょう。

第7章　聖書に何が書いてあるのか

旧約聖書と新約聖書

これから聖書について手ほどきをします。皆さんは、旧約聖書と新約聖書の違いをきちんと知っているでしょうか。新約聖書は読んだことがあるけれど、旧約聖書はなじみがないという人が多いでしょう。「聖書　新共同訳」では新約は500頁、旧約は1500頁もありますから、頁数を見ただけでもしり込みしそうです。とりあえず新約聖書で十分、旧約聖書は、将来、リタイアして人生にゆとりができたら読むことにしよう、そんなふうに考えている人もいるかもしれません。けれども、旧約聖書と新約聖書、その両方が聖書だということをまず知っていただきたいのです。先に書きましたが、新約聖書が書かれた初期キリスト教時代に、聖書とは旧約聖書のことを意味していました。新約聖書に出てくる

「聖書」とは旧約聖書のことでした。旧約聖書がなければ新約聖書は記されませんでした。新約聖書は旧約聖書という土台があるからこそ存在します。

英語で旧約聖書はOld Testament、新約聖書はNew Testamentと言います。Testamentとはラテン語で「遺言」という意味ですが、これは聖書原語のギリシャ語とヘブライ語に遡ると、「契約」を意味します。つまり、旧約は旧《ふる》い契約、新約は新しい契約です。この呼び方にはキリスト教固有の考え方があります。契約とは神との約束です。「旧約」は神と神の民（イスラエル）との契約の書。その契約が更新され、神と新たな神の民（教会）との契約の書「新約」ができました。旧約は決して破棄され消去されたのではありません。もし破棄されたのなら、新約聖書だけでよいということになりますが、そうではありません。神との契約という点で、旧約と新約は一貫しているのです。

旧約聖書はイスラエルの民の歴史を書き記しています。神がどのようにイスラエルの民を選び、導いたか。そのイスラエルの興亡の歴史です。これはおよそ紀元前2000年から紀元前2世紀までで、イエス・キリストが到来する以前です。これに対して新約聖書にはイエス・キリストが到来し、十字架と復活の後に教会が生まれ、教会がイエス・キリストの福音を宣《の》べ伝える歴史が記されます。これは紀元1世紀から2世紀初めにかけてです。

この旧約聖書と新約聖書は先ほど述べたとおり、旧約は39巻、新約は27巻、合計66巻から成り立っています。3×9＝27（サンクニジュウシチ）、と覚えましょう。Old Testamentと書くと、Oldはアルファベット数が3、Testamentが9です。旧約聖書（Old Testament）39巻の中に、27（3×9＝27）巻の新約聖書が隠れているとも言えるでしょう。

聖書の内容を知ろう

皆さんは聖書数え歌を知っていますか。謎めいた歌詞ですが、役に立つので紹介しましょう。まず旧約聖書から。

「創、出、レビ、民、申命記、ヨシュア、士師、ルツ、サム、列王、歴代、エズ、ネヘ、エステル記、ヨブ、詩、箴言、コヘレ、雅歌。イザヤ、エレ、哀、エゼ、ダニエル、ホセア、ヨエ、アモ、オバ、ヨナ、ミ、ナホム、ハバクク、ゼファ、ハガイ、ゼカリヤ、マラキで39」。

次は新約聖書。

「マタイ、マコ、ルカ、ヨハネ伝、使徒、ロマ、コリント、ガラテヤ書、エフェ、フィリ、コロサイ、テサロニケ、テモ、テト、フィレモン、ヘブライ書。ヤコブ、ペトロ、ヨハネ、ユダ、ヨハネの黙示で27、新旧両約合わせれば、聖書の数は66」。

これは、「鉄道唱歌」、あるいは「どんぐりころころ」や「水戸黄門の主題歌」のメロディーでも歌えます。どうぞ聖書の目次を見ながら、これを歌い、ぜひ覚えてください。

旧約聖書は「歴史書」「文学書」「預言書」という三つに区分されます。天地創造から始まり、モーセによるエジプト脱出、荒れ野の放浪、約束の地カナンへの定住。その後、王国が成立し、やがて滅亡。捕囚の時代を経て、神殿再建とユダヤ教の成立。ここまでが歴史書の概要です。モーセ五書（創世記、出エジプト記、レビ記、民数記、申命記）、ヨシュア記~列王記、さらに歴代誌からエステル記。これらの書はすべてイスラエルの民の歴史を描いているのです。歴史書の次は文学書。ヨブ記や詩編などで、いずれも詩的な諸文書です。そして、続くのが預言書。イザヤ書、エレミヤ書、エゼキエル書、ダニエル書、12小預言書が含まれます。

もうちょっとお付き合いください。

一方、新約聖書は「福音書」と「使徒言行録」「書簡」「黙示録」という三つに区分できます。四福音書はイエス・キリストの生涯を描き、使徒言行録は教会の誕生と発展を証言します。それに続いて、パウロやヨハネ、ペトロなどのたくさんの書簡が並びます。その多くは教会に書き送られた手紙です。そして、おしまいのヨハネの黙示録で締めくくられます。

いきなり旧新約聖書を読めと言われても、とても一気に読み通すことはできません。しかし、何事も最初の一歩からです。皆さんも少しずつ読んでみませんか。聖書を理解するにあたって、大事なことがあります。それは、教会では伝統的に礼拝において、十戒と主の祈り、そして使徒信条が大切にされてきたことです。三要文《さんようもん》とも言います。このうち、十戒は旧約聖書の中心です。十戒はイスラエルの民が神との契約の際、神から与えられたものです。イスラエルの民は神によって奴隷の地エジプトから救い出され、その救済に対する応答として守るべき倫理が与えられました。それが十戒なのです。この十戒がモーセ五書の中心のみならず、旧約全体の中心であることを知っておきましょう。また、主の祈りは、イエス・キリストが弟子たちに「こう祈りなさい」と教えてくださった究極の祈りです。新約聖書がキリストの福音を語る書であるとすれば、主の祈りもまた新約聖書の中心だと理解してよいでしょう。使徒信条は聖書全体を要約した信仰の告白です。十戒と主の祈りを唱え、使徒信条を告白する教会の伝統は聖書の真理をきちんと認識しているのです。

聖書の本質を知ろう

聖書はいったい何を教えているのでしょうか。生き方を教えている、人間に必要なすべてを教えている、神による世界の支配を教えている……。いずれも確かに当てはまることではあります。しかし、もう少し聖書に即して考えてみます。

皆さんは聖書の配列にお気づきでしょうか。先ほど紹介したように、旧約聖書の配列は歴史書、文学書、預言書という順序でした。歴史書は過去、文学書は現在、そして預言書は未来です。最初は創世記で、天地創造から始まります。そのあと神に選ばれ、神と契約を結んだイスラエルの民は神に背を向けてその国家はついに滅び、やがて廃墟から再出発に至ります。そのように創造から始まる歴史は、さらに現在から将来へと、すなわち終末の日に神の国が到来するところまで予告されます。旧約最後の書マラキ書3章には、終わりの日に預言者エリヤが地上に遣わされると記されます。神は選んだイスラエルの民を決して見捨てず、この民を終わりまで導くのです。このように過去から、現在、そして未来へと一直線に進む神の救済史が旧約聖書の本質です。新約聖書も旧約聖書と同様に過去、現在、未来という配列がされています。福音書と使徒言行録は過去、書簡は現在、そしてヨハネの黙示録は未来です。つまり、キリスト誕生から、十字架の死、復活、昇天、さらに教会の誕生と発展、最後にキリスト再臨による神の国の到来にまで至る神の救済史です。

そこで重要なのはこの両者の関係です。まず、新約の最初であるマタイによる福音書はイエス・キリストの系図から始まり、旧約の族長アブラハムに遡《さかのぼ》っています。また、旧約の最後であるマラキ書はエリヤの到来預言で締めくくられ、この終末のエリヤの到来預言は、新約では洗礼者ヨハネの到来で実現したとされ、そのヨハネが指し示すイエス・キリストにおいてまさしく「時は満ち、神の国は近づいた」（マルコによる福音書1章15節）と終末到来は宣言されます。神の国が「近づいた」とは、すでにここに来ている、という意味です。またイザヤ書53章には謎めいた「苦難の僕《しもべ》」の預言がありますが、それは使徒言行録8章でイエス・キリストを指し示していることが鮮やかに証言されます。イエス・キリストにおいて終末到来は始まりました。この方が地上で神の救済の御業を実現し、やがて再び地上に到来する日に、神の国は完成するのです。ヨハネの黙示録はその神の国到来の幻を告知します。

このように、旧約聖書の救済史は新約聖書の前史であり、イエス・キリストにおいて聖書全体のすべての謎が解けるというように記されているのです。

ルカによる福音書24章で、復活の主イエスと出会いながらも悟れない弟子たちに対して、主イエスはこう語ったと記されます。「わたしについてモーセの律法と預言者の書と詩編に書いてある事柄は、必ずすべて実現する。これこそ、まだあなたがたと一緒にいたころ、言っておいたことである」（44節）。ヨハネによる福音書もまた、同様のことを証言しています。「これらのことが書かれたのは、あなたがたが、イエスは神の子メシアであると信じるためであり、また、信じてイエスの名により命を受けるためである」（20章31節）。聖書において創造から終末到来に至る神の救済史のただ中に、私たちも招き入れられているのです。

第8章　聖書をどう読むか

現代において聖書を読む

聖書の読み方について考えてみましょう。いろいろな聖書の読み方があります。聖書をその言葉どおりに読むという人もいるでしょう。受け入れられるところは読み、ほかは読み飛ばすという人もいるでしょう。あるいはまた、初めから批判的に読むという人だっているかもしれません。

聖書の言葉には私たちを躓《つまず》かせる部分があります。たとえば、奇跡です。死人が甦《よみがえ》ったとか、病気が癒やされたとか、イエスが湖の上を歩いたとか。そういう奇跡を私たちはどう理解したらよいのでしょうか。また現代ではとても受け入れられないことも聖書には書かれています。たとえば暴力を是認する聖戦ということが旧約聖書には書かれています。

キリストを信じる者が遂行する戦争が聖なる戦いだとすれば、信じない者は殺されても構わないということになります。こういう問題について、どう考えたらよいのでしょうか。

聖書をその字句どおりに読むのが正しいとは必ずしも言えません。聖書は２０００年前に書かれた文書です。人間によって記された文書である以上、ところどころ矛盾した記述もあります。とりわけ聖戦の記述については、これを今日、そのとおり実行しようとすることは原理主義的誤謬《ごびゅう》で、極めて危険なことです。現代においては、理性的で合理的な認識に基づいて、聖書の文言を文献学的に解体し、徹底的に批判的に読むことも十分可能です。聖戦については、それが政治的理念として記述されているにすぎず、歴史的な実話ではないと現代の聖書学者たちが説明しています。聖書の文言がどのような意味かについてはきちんと検証がされる必要があります。

聖書によく出てくる奇跡についても、合理的に説明することはできるでしょう。現代医学では治癒可能な病気も、古代においては致命的であって、それが回復することは奇跡と見られたはずです。そういう仕方で聖書の奇跡のレベルを引き下げて理解することもできます。けれども、聖書のすべてが合理的に説明できるかというと、決してそうではありません。説明できない事柄は多々あります。イエス・キリストの復活がそうです。死者の復活には初期の教会の人々のみならず、今も多くの人が躓きます。しかし、信仰の告白として書かれていることを現代科学によって説明し、もし説明できなければ虚偽だと結論したとしても意味がないように思います。聖書が何を伝えようとしているかを知ることが必要です。「あなたたちは聖書の中に永遠の命があると考えて、聖書を研究している。ところが、聖書はわたしについて証しをするものだ」（ヨハネによる福音書5章39節）。私たちは聖書を研究しようとしますが、聖書はイエス・キリストを証言するものであって、それを忘れれば、聖書を正しく理解することにはならないのです。

規範として聖書を読む

聖書をどのように私たちの生活に生かすかについて考えてみます。たとえば日本基督《キリスト》教団信仰告白では次のように告白されます。「聖書は聖霊によりて、神につき、救ひにつきて、全《まった》き知識を我らに与ふる神の言《ことば》にして、信仰と生活との誤りなき規範なり」。1954年制定の文語体ですのでわかりにくいかもしれません。これによれば、聖書は誤りのない「規範」とされますが、現代を生きる私たちにとっても聖書は規範となりうるのです。ここで大事なことは、「規範」は無時間的な確固不動の規範ではないということです。２０００年前の規範をそのまま現代の規範としても無理があります。規範はその都度、世界の時代状況において吟味されなければなりません。

現代において聖書を読むということがあらためて重要になります。それは聖書をどう解釈するかということでもあります。先ほど指摘した聖戦理解についても同様です。今日においては多様性ということがポイントになります。まず民族や宗教の多様性が挙げられます。グローバル化の進む今日では、日常的に異なる民族や宗教との出会いがあります。聖書による規範は、そのような「他なるもの」を異邦人や異教として排除し、また敵視することでは決してありません。イエスは善《よ》いサマリア人のたとえを用いて、律法学者の「隣人とは誰か」という心無い問いを切り返し、「行って、あなたも同じようにしなさい」と諭しました（ルカによる福音書10章）。傷ついた旅人を助けたサマリア人のように、異なる民族や宗教を敵視せず、隣人として受け入れる寛容が現代において必要とされます。

性の多様性も含む一人ひとりの生き方の多様性も視野に入れなければなりません。今日、性的少数者を忌まわしい人たちだと拒否する空気があります。けれでも私たちはそれに同調せず、開かれた自由な共生世界をめざします。日本の社会の中で少数者が差別されている状況を受け止め、そのような人たちをキリストは今日も無条件で招かれる、という聖書の読み方が必要です。百匹のうち、たった一匹の迷える羊を捜しに出かけた羊飼いのたとえが今日的な規範になるでしょう（マタイによる福音書18章）。重い障がいをもって生まれた人には生きる資格はないと考える風潮に「否」を言わなければなりません。子どもの貧困にも目を向けねばなりません。現在の日本では経済格差が大きくなり、子ども7人のうち1人が経済的貧困の状態にあります。少数者の命が守られねばなりません。聖書において小さな者の側に立たれたキリストの姿勢は、今日においても「信仰と生活との誤りなき規範」です。

神の言葉として聖書を読む

聖書は人によって書かれた文書であり、その読み方も多様です。それにもかかわらず、聖書は神の言葉です。神の言葉として聖書を読むということは、私たちの教会が保持してきた信仰です。

聖書を聖書として、今日まで保持してきたのは教会です。新約聖書のパウロ書簡を読むと、それが教会に宛てて書き送られた手紙であって、教会で読まれるために書かれたものだということがわかります。聖書がもともと初期の教会という歴史的場において成立し、教会史の中で今日まで読まれ続け、保持されてきたことを考えると、聖書の本来の読み方は教会に継承されているのだということに気づかされます。つまり、教会の礼拝において聖書の言葉が神の言葉として朗読され、説教においてそれが解き明かされているのです。

礼拝において聖書の言葉が神の言葉となるということは、聖書の言葉が三人称ではなく、二人称で聞かれるということです。他方、聖書を研究することは、聖書の言葉を三人称の言葉として客観的に読むことです。それはヨハネによる福音書5章にあるように、「聖書の中に永遠の命があると考えて、聖書を研究している」（39節）ことです。もちろん、それも意味ある読み方です。けれども、聖書の字義的研究では、生けるキリストに出会うことはできません。「キリストについて知る」ということと「キリストに出会う」ということとはまったく違います。キリストとの出会いは、「我」と「汝《なんじ》」という対話の関係において初めて与えられるのです。それは、復活の主イエスと出会うまでは「その手に釘跡を見、わき腹に手を入れて事実を確かめよう」という態度であった疑い深い弟子のトマスが、主イエスに出会って「わたしの主、わたしの神よ」とひれ伏したことからわかります（ヨ

私の受洗経験

小友　聡

　私が洗礼を受けたのは1976年12月19日。仙台五橋教会にて西堂昇牧師からの受洗でした。当時、大学の2年生。2年生とはいっても、入学後まもなく肺結核とわかり、留年して長期入院した直後のクリスマスでした。いろいろな思いがあったのを覚えています。

　牧師から「酒と煙草をやめなければ洗礼を授けない」と言われ、しぶしぶ禁酒禁煙を誓いました。メソジスト（生活の規律が厳格なキリスト教の教派の一つ）とは主の前に正しく生きること、と教わりました。洗礼を受けるや伝道する召命を与えられ、大学でも国際ナビゲーターという宣教団体に入り、学生伝道をしました。自分で言うのもおこがましいのですが、ひたむきでした。

　洗礼を受ける前に長期入院した経験は大きかったと思います。希望の大学に合格し、健康に恵まれ、すべては順風満帆であったはずでした。その人生が、突然、中断を余儀なくされ、1年も隔離病棟に閉じ込められたのです。その間、入院仲間が息を引き取るのを目の当たりにし、自分も死ぬのかという恐怖心と向き合いました。聖書を読み通しました。祈ることを知りました。自分の罪の醜さを知らされ、キリストの十字架以外に赦《ゆる》され生かされる道はないのだと悟りました。

　洗礼は十字架による死と再生。私の受洗はまさしく人生の転換、再生だったのだ、としみじみ思います。

ハネによる福音書20章）。

礼拝では、聖書の言葉がキリストご自身が語る言葉として、私に迫って来るという経験をします。その時、聖書の言葉は研究の対象ではなく、この私に向かってキリストが直接に語る二人称の言葉となるのです。これがキリストとの出会いであり、私たちは礼拝ごとに牧師の語る説教において、それを体験するのです。礼拝において、私たちは神の言葉の説教を通して、キリストに出会います。

私たちがキリストに出会う道は聖書以外にはありません。神は御子イエス・キリストをとおして罪の贖《あがな》いをなし、私たちに救いの道を開いてくださいました。この喜びのおとずれ、イエス・キリストによる十字架と復活の「福音」は歴史を超えて、今日もなお確かに聖書の中に見出されるのです。キリストは言われます。「聖書はわたしについて証しをするものだ。それなのに、あなたたちは、命を得るためにわたしのところへ来ようとしない」（ヨハネによる福音書5章39～40節）。現代においても聖書は神の言葉なのです。聖書の言葉は私たちをイエス・キリストとの出会いへ招いています。

第４部　教　　会

第9章　教会とはどのようなところか

キリスト教について知りたい、または聖書から慰めや導きを得たいと願う時、多くの人はまず聖書を手に入れて読み進むことでしょう。次いで、自分の知る街にある教会を訪ねるでしょう。なぜなら、聖書を家で一人で読み進む時には、いくら優秀な解説書が手元にあっても、その解説書だけでは問いが解決できないことがあるからです。聖書を一人で読み進めていると、人は壁に突き当たり、行き詰まってしまいます。そんな時に訪ねるのが教会です。街にある教会はキリスト教についてもっと知りたい、キリスト教信仰による慰めや導きを得たい、と願う人の受け入れ窓口です。

では、キリスト教の窓口である教会とはどのようなところなのでしょうか。

「教会」とは何か?

教会とはどのようなところかについて、人はさまざまなイメージを持つことでしょう。オルガンや鐘楼のある建物を思い浮かべたり、炊き出しをしたり悩みごとを相談することができるところなどを思い浮かべるかもしれません。どれも部分的には正解で、本質的には不正解です。

新約聖書の書かれた言葉、キリスト教の歴史が始まった時の共通言語であったギリシャ語では、教会のことを「エクレシア」と言います。一般的には何かの目的のために集まる人びとの群れを意味するこの言葉を、キリスト者たちは自分たちのグループを表すのに用いました。それは自分たちがある共通の目的のために神によって集められたものであるという自己意識を古代のキリスト者たちが持ったからです。その目的とは礼拝です。

教会はどのようなところか、と言えば、教会は礼拝（10章に詳述）をする人びとの集まりです。建物を持たない教会もありますし、牧師や神父のような司牧者のいない教会もあります。教会の姿は多様です。しかし礼拝をしない教会は世界のどこにもありません。

「教会」とは誰か

教会は礼拝をする人の集まりです。礼拝に加わるのに、現代の教会では資格を求めることはあまりありませんが、古代の教会では礼拝に参加するのにお試し期間を設けることもありました。一方、組織体としての教会を支えるメンバーである教会員になるためには、古代から洗礼という入会儀式を経ることが必要です。教会員は神によって招かれ結びつけられた家族として教会に受け入れられ、教会の働きを支えるものとなります。

教会は礼拝をするところ

新約聖書の使徒言行録の２章には、キリストの教会の始まりの様子が伝えられています。それは「神殿に参り、家ごとに集まってパンを裂き、喜びと真心をもって一緒に食事をし、神を賛美していた」（使徒言行録２章46〜47節）といいますから、イスラエルの宗教の礼拝様式に従って礼拝をすることと食事を共にすることが、キリストの教会の初期の活動であったようです。

その頃エルサレムの神殿や地域の会堂（シナゴーグ）で行われていたイスラエルの宗教の礼拝の様式は、基本的に聖書の朗読とその解説、賛歌と祈りなどの要素を持つものでした。キリストの教会はそうした礼拝の基本的な仕組みを受け継ぎ、しかしながら、自分たちの救いの体験の中で非常に大切なものとなったパンを裂くという行為（10章に詳述）も礼拝の中に位置づけて、独自の礼拝を形作っていきました。教会は生前のイエスの教えと行動において示された神の支配を待望し、イエスの十字架と復活によって与えられた新しい命の出来事に生きる者の集まりです。礼拝に共に集められた者はそのことを思い起こし、味わいなおし、日常生活でその出来事を生きることが求められました。

使徒パウロは「自分の体を神に喜ばれる聖なる生けるいけにえとして献げなさい。これこそ、あなたがたのなすべき礼拝です」（ローマの信徒への手紙12章1節）と命じています。イエスがその身を献げて救いを実現したことを思い起こし、それに応えて生きるキリスト者にとって、自分が生きる世界に仕えること（献身）は礼拝行為と切り離して考えることはできないものです。そこで、古代のキリスト教徒たちは、神の子イエス・キリストが自らを献げることによって神の民とされた自分たち教会が地上で果たすべき宣教の業《わざ》は、隣人に仕えることであると考えました。そしてそのような仕える者としての地上の歩みの先に、自分たちの生きる世界で神の支配が実現すると信じたのです。

教会の歩み――多様性を内包して

紀元1世紀にパレスチナ地方で誕生した教会は、その後世界中に広がっていきました。最初は古代のローマ帝国の領土の範囲に広まり、やがてその範囲を超え出ていきました。

教会はその歴史の始めから、建物や制度によって特徴付けられるというより、イエスを救い主キリストと告白する者の集まりであることがもっとも重要な事柄でしたから、それ以外の事柄については、当然のように多様性を内包していました。最初期の教会の様子は、新約聖書の教会宛の書簡に反映しているものから推測することができますが、そこでは「あなたがたはキリストの体であり、また、一人一人はその部分です」（コリントの信徒への手紙一12章27節）と信じる人びとの集まりである教会をキリストの体にたとえ、そこに集まる一人ひとりを体の部分にたとえています。体の器官一つひとつに固有の働きがあるように、教会に集められる一人ひとりにはその個性に従って固有の役割がある、と語ります。教会は構成メンバーの多様性によって成り立っていました。そこに集められる一人ひとりがその適性や能力に応じて、それぞれのあり方で神につながることができる場所が教会です。

また、教会が受け入れている多様なあり方は、構成メンバーについてだけではなく、教会の組織や礼拝の形についても、同様でした。教会はキリスト教が伝えられる場所の言語や文化や風土によって、さまざまな発展をしていったからです。

たとえば古代ローマ帝国では、首都ローマのあるラティウム地方で使用されていた言語であるラテン語が公用語でしたが、その使用は帝国の範囲すべてに及ぶというわけではありませんでした。帝国の西半分の地域ではラテン語の使用もありましたが、帝国の東半分ではギリシャ語の使用が定着していました。キリスト教が誕生したパレスチナ地方が位置するのは、このような帝国の東部領域でした。ラテン語を主要な使用言語とする地域とギリシャ語を主要な使用言語とする地域では、教会の中で大切にする風習が少しずつ異なっていきました。

やがてその違いが大きくなり、ローマ帝国の西半分は西方教会（カトリック〔普遍の〕教会）となり、東半分は東方教会（正〔正統性の《オーソドックス》〕教会）となり、異なる教派として発展していきます。

教会の歩み――多様性を統一するもの

16世紀になるとローマ・カトリック教会の中から、マルティン・ルターの「宗教改革」によって新しい教会のグループが生まれてきます。ルターは聖書を研究することで、「神の義」についてとらえなおします。それは人間がどのようなものであっても、神はキリストによって赦《ゆる》しを与え、神の前に正しいものとしてくれる、ということでした。ルターはそれによって、神の義とは、人間を裁くために用いられる神の正しさではないのだと知りました。そして人間はそのように一方的に与えられる神の恵みを受け取ることで神を信じることへと導かれるのであって、信仰とは人間が積み重ねられる善行のようなものではないと考えました。ルターにとってその恵みの福音は聖書の全編に示されているものでした。

当時のカトリック教会では、この考えは受け入れられず、ルターは福音主義と名乗りカトリック教会と分離します。のちに神聖ローマ帝国内での自分たちの信仰が保証されることを求めて封建領主たちが抗議したことを受けて、このグループは外からプロテスタント（抗議する者）とも呼ばれることになりました。福音主義の流れを受け継ぐ教会のことを総称してプロテスタントと呼ぶのはこの故事に由来します。

ルターたち宗教改革者の流れを受け継いで、ヨーロッパでは福音主義の教会が生まれてきます。福音主義の教会では聖書に示された神の福音のみが人の救いにとって、ひいては教会にとって重要と見なされました。そのことは、聖書に対する集中を教会にもたらしました。しかしそのことは同時に、教会の教えが聖書を解釈する者の相対的判断に委ねられる可能性も意味しました。ヨーロッパから始まり世界にキリスト教が広まっていく時、プロテスタントと呼ばれるグループは、聖書の理解や教会観をめぐってさまざまに分裂し、教派を形成していきました。スイスのジュネーブで教会の改革を始めたカルヴァンの伝統を受け継ぐ改革派、長老派、また信仰告白における主体的参与を重視するバプテスト派、イングランドで生まれたアングリカン教会（聖公会）と、そこから生まれて主に北米で発展したメソジスト派など、プロテスタント教会の教派は多様な展開をし、現在でもなお、世界では新しい教派が誕生しています。

他方、教派の増加や、また他宗教との出会いの中で、多様な聖書の理解という豊かさの尊重と共に、教会が共通して持つ使信は何か、ということを近代になってプロテスタント教会は模索するようになりました。個別の聖書の理解が時に独善的なものに陥ることがないように、教会はどのような教えを大切にしており、何をもって「正しい」教えと言うことができるのかということです。一般的な規準としては、古代から教会が大切にしてきた信仰告白である、ニカイア・コンスタンティノポリス信条、および西方教会では古くから礼拝に用いてきた使徒信条を受け入れていること、それらの信条でも確認している「父・子・聖霊」の三位一体の神を告白していることなどがあげられています。

また、そのようなプロテスタント教会の歴史の振り返りの中から諸教派に分裂した世界の教会が一致することへの模索も20世紀になって始まりました。エキュメニカル運動とも呼ばれるその動きは、西方の教会では、その源流であるカトリックも含めた一致についての対話へと結実してきました。多様性を認める一致へと対話を展開する教会は、世界の中で対立より和解を選びとっていくという姿勢を示すことになるでしょう。

第10章　礼　拝

日本の多くの教会では、日曜日に「主日礼拝」が行われています。それは教会の始まりになった出来事に由来します。

「人の子は、人々の手に引き渡され、殺される。殺されて三日の後に復活する」（マルコによる福音書9章31節）との言葉をイエスに従った女性たちが体験するのが、十字架から数えて三日目でした。この日を初代のキリスト者たちは主の日と呼び、礼拝を始めます。とはいえ、歴史の初期にはあらゆる側面において教会は多様な姿を見せていましたから、ユダヤ教の影響の強い地域ではユダヤ教の安息日（土曜日）に礼拝を捧げていたことも記録には残っています。やがてローマ帝国がキリスト教を公認し、国家の宗教としてキリスト教が機能していくようになると、キリスト教の礼拝は「主の日」としてユダヤ教の安息日と明確に区別されるようになりました。ローマでは週の7日間を天体の名前で呼んでおり、その中で日曜日、すなわち太陽の日が「主の日」となりました。いまでもラテン語由来の言語の曜日表記では、日曜日をdomenica（イタリア語）domingo（スペイン語）dimanche（フランス語）と言い、ラテン語の「主」dominusに由来するものがみられます。

礼拝の構成

主の日の礼拝は基本的に四つの要素から構成されています。神への礼拝へと人を呼び集める「招き」、招かれた人々への「神のことばの告知」、神のことばを受け取った者の「応答」、そして礼拝で受け取った喜びを外へと伝えていく「派遣」です。こうした大枠を基に、プロテスタント教会ではそれぞれの教派の伝統や教会の置かれた地域の特質などを生かして礼拝の順序が定められています。

「招き」の部分では、多くの場合礼拝への招きの言葉から始まり、礼拝に招かれたことの感謝の賛美歌が歌われ、また会衆に自分の歩みを振り返り悔い改めることが求められます。「神のことばの告知」は聖書の朗読と、その解き明かしである説教を中心に成り立っています。礼拝で朗読された聖書の意味が礼拝に参加した会衆と共有されるために、礼拝のこの部分で歌われる賛美歌は聖書や説教の内容と関連の深いものが選曲されています。神のことばを受け取った者はそれに応えて生きるために「応答」の部で信仰を告白し、その告白に従って生きて自分を献げることを象徴的に表現します。それが献金というかたちでここで行われます。「派遣」の部分では、そのようにして神のことばを受け取った礼拝参加者が再びそれぞれの場所に送り出されていくために祝福を受け、派遣の言葉を与えられます。

キリスト教がその始まりから大切にしていた「パンを裂くこと」（105ページ以下）もまた礼拝の中に儀式として定着していきました。礼拝の中で行われるそれは聖餐式と呼ばれます。古代の教会では、応答として会衆が持参したパンなどを祭壇に献げ、それを祝福してわかちあうことが行われていたと言われます。そのような意味も併せ持つ聖餐式が主日の礼拝の中に組み込まれる時は、応答の部と結びついて行われます。

礼拝で体験すること

キリスト教の礼拝では、先に確認したように一回の礼拝の中でさまざまな意味が込められた礼拝の要素が体験されます。賛美歌や、聖書の朗読、オルガンの奏楽曲、祈りの言葉など、それぞれの礼拝の構成要素は、すべて組み合わされて一つのメッセージを伝えています。

それぞれに孤立して、神と向き合うことができないでいる人間が集められ、その過ち、罪を神の前に告白し、イエスが十字架をとおしてその罪をぬぐい去り、信じる者に新しい命を与えます。今を生きる新しい命は、未来における命の完成の先取りでもあります。神が人間の歴史に関わり、それぞれの命を完成させる時の姿を現しているものです。そのように新しい命を生きることをゆるされた人間は、それぞれが課題として与えられた生を、定められた時まで生きるために送り出されていきます。

このキリスト教の中心的使信を、礼拝の始めから終わりまでをとおして、礼拝に参加する者は体験します。こうしたイエス・キリストを想起する行為である礼拝は、イエス・キリストについての証言の集積である新約聖書が編纂されるよりも先に行われてきた行為なのです。礼拝の中には、その起源をたどると、新約聖書の文書の成立と同じくらい古い、イエス・キリストについての証言も現れます。新約聖書は成立の時から礼拝と共にありました。礼拝の中で聖書は解釈され伝えられてきました。ですから、聖書を一人で読み進めていてもどうしても乗り越えられない壁のようなものに突き当たった時、人は礼拝をとおしてその壁を越え、慰めや励ましを受けることができるのです。

神のことば

礼拝の中で朗読される聖書とその解説は、神のことばとして会衆に聴かれます。聖書の全編は、神が人間に関わり、罪から救い出そうとする意志によって貫かれています。その強い意志が、神のことばとして礼拝で人間に働きかけます。聖書の朗読は人間の発声によってなされるものであり、また通常、説教とかメッセージとか呼ばれる聖書の解説は人間の解釈によって行われるものです。しかしながら、礼拝の中ではそれは、礼拝者の間に働く神の力、聖霊の働きによって、神のことばとなります。語る者と聴衆という両者の間に聖霊が働くことがないと、人間の言葉は「神のことば」にはなりません。礼拝でなされる聖書の解説が、道徳的な講話や倫理的勧めのような人間の「お説教」になってしまうことは簡単です。そのような事態に陥らないために、礼拝の冒頭の部分で、聖霊によって人の行為が照らされることを求める願いが祈られます。

見える神のことば

キリスト教会では、ことばを聴くことと同様、パンを裂くという行為も大切にしてきましたが、それはその行為が、イエス・キリストをとおして示された神の愛を目に見える形で表すものだからです。プロテスタントの教会では、パンを裂くことから生まれてきた聖餐式と、キリスト教会への入信儀式である洗礼式を、目に見える神の恵みのしるし、聖礼典（サクラメント）として受け入れています。

聖餐式は聖書に伝えられる「主の晩餐」に由来します。主イエスが十字架につけられる前の夜に弟子たちと共に食事をして、パンを裂き、杯をわかちあい「わたしの記念としてこのように行いなさい」（コリントの信徒への手紙一11章24節）と命じた出来事から、弟子たちはこれに従ってパン裂きを行い、イエスがその身をもって人間の罪を負ってくれたことを心に刻みました。弟子たちは同時に、そのパン裂きは主イエスがやがてこの世界で神の支配を実現する時のわかちあいの予型であるとも考えました。またパン裂きは生前イエスがさまざまな人びとを招いて食事を共にしたことを想起する行為でもありました。弟子たちのパン裂きにはイエス・キリストの働きの過去と現在と未来に関わるすべてが込められていました。そこから生まれてきた聖餐式は、キリストを信じる者を神にしっかりと結びつけるために神から差し出される恵みの手段です。聖餐式によって私たちは、赦《ゆる》されることを体験し、命を受け取り、わかちあうことを学びます。

洗礼式は「すべての民をわたしの弟子にしなさい。彼らに父と子と聖霊の名によって洗礼を授け」（マタイによる福音書28章19節）なさいと伝えられる主イエスのことばに由来します。洗礼は、水で洗い清められることであり、また古い自分は死んで新しく生まれ変わるということを公にする再生の儀式です。古代の教会では、「生きた水」で洗礼を行うことが命じられていたため、川や泉のような、自然の水が流れる場所で洗礼が行われ、バプティゾー（水に沈める）する行為であったため、頭の先まで水に入ることが求められました。やがて洗礼式が礼拝堂の中で行われるようになると、全身を沈めることのできる洗礼槽を建物に設置しました。しかし水が少ない地域では既に2世紀頃から水を注ぐことによる洗礼も行われていました。いずれの方法によるにせよ、洗礼式は信じる者を神の子として教会に結びつける神の恵みの行為です。洗礼式によって私たちは、地上にあって神の支配を待ち望む、共に生きる仲間が与えられていることを確認し、自分たちの信じている希望がどのようなものなのか改めて思い起こすことになります。

教会の暦

毎週の主日の礼拝はイエス・キリストの十字架と復活を思い起こす行為ですが、その起源の出来事であるイエスの復活を祝う祭りは、ユダヤ教の過越《すぎこし》の祭りと深い関わりを持っていました。復活祭、イースターはイエスの死後すぐに祝われるようになりました。イエス・キリストの死からの復活の祭りに加え、やがてイエスの誕生を祝うようになります。十字架で死んだイエスは、そもそも、人を救うために神から特別な使命を与えられて人の世界に送り出されたお方です。人間としてのイエスの誕生もまた、教会にとって大切な出来事として考えられるようになったからです。４世紀頃の西方の教会では、イエスの誕生は冬至と関連づけて受け取られ、これが現在のクリスマスになりました。こうして教会は１年を神が人間に関わる救済の出来事に照らしあわせて過ごすようになります。冬から春にかけてイエスの誕生から地上での活動を思い起こし、そのイエスの活動のクライマックスである受難と復活を春に経験し、神の恵みの霊を受けて地上で生きる教会の歩みとして初夏から秋にかけて考えるものです。こうした１年のサイクルを教会暦と呼びます。教会暦の中で教会は神の支配を待ち望み、神の救いを体験し、地上での歩みを支えられることになります。

第11章　信仰告白と祈り

キリスト教は信仰を同じくする仲間の交わり（コミュニケーション）を、一人ひとりが信仰生活を送る上でとても大切なものとしてきました。その中では、自分が何を信じているのか、自分は神に向かって投げかける言葉を持っているのか、ということはとても大切です。

信仰を告白する

自分は神を信じます、と宣言することを信仰告白と言います。神が自分に何をしてくれたのか、自分の人生にとって神はどのような存在なのかということを言い表すことです。自分の言葉でそれを表明することもあれば、または教会が共通に持っている言葉でそれを言い表すこともあります。パウロの言葉によれば、初期の信仰の告白は「イエスは主である」（ローマの信徒への手紙10章9節）というものであったようですが、教会の歴史の中では、教会が伝える信仰の内容をまとめたものとして信条が生み出されていきます。

使徒信条

使徒信条は、もっとも古い信条の一つで、もともとは2世紀頃のローマの教会で用いられていた古ローマ信条と呼ばれる信仰告白に由来すると言われます。

それは古代の教会が洗礼の時に用いていた信仰問答がもとになっているものです。洗礼を受ける人は水の中に入り「あなたは天地の造り主、全能の父である神を信じますか」と問われます。「はい、信じます」という返事と共に水に沈められます。次に「あなたは、聖霊によって宿り、おとめマリアより生まれ、ポンティウス・ピラトゥスのもとで、十字架につけられ、死んで、三日目に死人のうちからよみがえり、天に昇り、全能の父である神の右に座し、そこから来て生きているものと死んでいるものとをさばく神のひとり子であるわたしたちの主イエス・キリストを信じますか」との問いに答えて、水に沈められます。三度目に「あなたは聖霊と、聖なる教会と、身体のよみがえりを信じますか」と問われて、また水に沈められます。

このようにして洗礼時に行われる、神についての三つの質問をもとにして、一人の人が告白する形式に整えたものが使徒信条です。この信条は、父・子・聖霊の三位一体の神を告白し、またイエス・キリストが人として受肉した神の子であること、十字架と復活を通して神の救いを現したこと、そしていつか再びこの世に現れて神の支配を実現することを告白します。これら教会が大切にしている信仰の根幹ともいうべきことがらがそこには収められています。古代の教会はこの信条をもって、誤った教えに教会が陥っていくのを防ぐための規範とし、ローマ帝国からの迫害を耐え抜く希望としました。

この信条は現在でも西方の多くの教会で受け入れられ告白されている信仰告白です。

祈りは神との交流

祈ることをキリスト教では神と人間の思いの交わる時と考えます。祈りの中で人は神の語ることを聞き、また人間の側からのさまざまな思いを神に届けます。それは神への賛美であったり、感謝であったり、または罪の告白や懺悔、赦《ゆる》しを求めることであったり、時には固有の願いや希望であったりします。祈りの内容が多様なのは、人は人生のさまざまな場面において神に祈るものだからです。それゆえ人が祈る場所も、さまざまです。誰もいないところで一人で神に向かうこともあれば、礼拝という公の行為の中で祈ることもあります。

祈りには決まった言葉が選ばれている成文祈祷があれば、祈る人が祈りたい時に浮かんできた言葉で祈る自由祈祷もあり、教会の伝統や祈る場面によってあり方はさまざまです。祈りに正しい形式があるわけではありません。ただし、礼拝という公の行為の中で祈る時には、どのような祈りであれその祈りは個人の私的な祈りというより、教会の公同の祈りであると理解されるべきものです。そこでは祈祷者は教会全体を代表して祈るわけですから、そのような時にはその祈りの共同性が意識されなければならないでしょう。

祈りをわかちあう言葉

公に祈る時に、教会では祈りの最後に祈りを聞いていた者が一斉に「アーメン」と言い

私の受洗経験

柳下明子

私が洗礼を受けたのは高校1年生、16歳の時のことでした。

その2年前に母が教会に通い出し、洗礼を受け、翌年のイースターに父と姉が洗礼を受けました。それまで宗教と無縁であった家に、突如キリスト教が侵入してきたという印象を中学生であった私は受けたものです。当然激しく反発しましたが、聖書に対する興味は湧きました。矛盾だらけなこの読み物を現代においても信じる人がいることが不思議だったのです。

家族の熱望に応えて時々教会学校に行き、礼拝に出たりするものの、どうにも違和感しか持てません。教会と一定の距離を置いて過ごしていた私ですが、高校に進学して変化が生じます。

進学した進路指導に熱心な高校では全く面白いことがなく、灰色の日々を過ごすようになりました。今の自分の存在の意味を教えてくれるのは何であろうか、と命の真理について考え始めた頃、「今年のクリスマスは受洗者がいない」と家族が食卓で会話していました。私は「自分は洗礼など受けない」と宣言するために学校帰りに牧師（日本基督教団能勢口教会・藤田公牧師）に面談を取り付けました。

一時間あまりの面談の末、「まあ、ええやないか」の牧師の言葉で、帰り道には受洗を決心していました。

ます。教会の伝統によっては、人が声を出して祈っている最中でも、「アーメン」と言葉を挟むこともあります。

「アーメン」はヘブライ語で「そのとおり」という意味で、イスラエルの宗教の伝統の中で、神への賛美や祈りの中で用いられていました。キリスト教の「アーメン」もそれを受け継いだものです。祈りの結びに「アーメン」を唱和することで、その祈りに人は自分の思いをつなげることになります。誰かの祈りについて、「本当にそのとおりだ」とか「そうなればいいなあ」と共感する思いを「アーメン」という言葉は表しています。

主の祈り

福音書の中には、イエスが教えた祈りとして短い祈りが示されています。マタイによる福音書6章とルカによる福音書11章に伝えられるそれぞれの祈りは大枠で一致しています。それらの伝承に基づく祈りを、古くから教会では主イエスが教えた祈りとして受け取り「主の祈り」と呼んで大切にしてきました。

この祈りの大きな特徴は、神に対して「父」と呼びかけ、神との親近性を伝えるところから始まる点です。そしてその神への信頼の中で神への賛美がなされ、自分たち人間の世界での糧が与えられることや、赦《ゆる》しが求められます。神との関係の中で自分の生きる世界を理解することを主の祈りは教えます。

また祈りの主体や対象が「わたしたちの」「わたしたちに」と一人称の代名詞が複数形で用いられていることも、この祈りの特徴を表していると言うことができるでしょう。祈りの主体は「わたし」ではなく「わたしたち」であり、祈りに応えていただく対象も「わたしたち」です。この祈りはキリスト者が一人で祈る時にも、教会とつながるための祈りであり、共同性を持った祈りであるのです。

主の祈りは教会の歴史の中で、時代や教派を超えて受け継がれていきました。現在でも世界中の教会で共通して祈ることができる貴重な祈りです。

礼拝において使徒信条を告白し、主の祈りを祈ることとは、私たちの中の神とのつながりを強くすることです。そうして、より強く神につながり、未来への希望を保つことによって、礼拝者は教会から送り出される自分の場所で、使命を果たすことができるようになります。

第５部　洗礼を受けてから

第12章　洗礼を受けると生活がどう変わるか

洗礼を受けても生活は変わらないと思います。

洗礼を受けても、相変わらず忙しく、さまざまなトラブルに出会い、お金持ちになるわけでもありません。しかし、そうであっても洗礼を受けたわたしたちは、クリスチャンであり続けることが大切です。

洗礼を受けても生活は変わらないかもしれませんが、人生は変わると思います。わたしたちは人生の終わりの時に「ああ、クリスチャンとして人生を送ることができて良かった」と思うでしょう。

今日一日の生活は、人生の終わりの時に連続しています。ですから、毎日をクリスチャンとして大切に生きましょう。

「神さまに頼る人生」

学生時代に通っていた京都丸太町教会に、教会学校の校長をされていたHさんという80歳をすぎた女性がいました。

Hさんのつれあいは、外国航路の船長をされていました。しかし、彼はHさんが若い時に事故で亡くなってしまいました。Hさんは、子どもを育てながら、とても苦労して長い人生を歩みましたが、いつも笑顔で、わたしたち学生や子どもたちの世話をしていました。

ある時、Hさんは「長い人生を歩んでいると、何度も、『ああ神さま、なんちゅうことをしてくれるのや』と思うことがありましたよ」と言われました。

クリスチャンとなっても苦労はするのです。しかし、その苦労の時に神と対話するのがクリスチャンです。

Hさんのように「神さま、なんちゅうことをしてくれるのや」と思う場合もあるでしょう。「ああ、神さま、助けてください」と祈る場合もあるでしょう。

神は、わたしたちの声を確かに聴き、わたしたちの飢えと渇きを顧みてくださいます。そして、神は確実にあふれる恵みによって応えてくださいます。

クリスチャンの人生は「あるもの」に頼る人生、今持っているお金や地位や経歴に頼る人生ではなく、神に頼る人生です。

天国に持って行くことができるもの

あなたは、どのような人生に満足しますか？

わたしたちは必死になって「獲得する人生」を歩んでいるのかもしれません。わたしたちは一生懸命な努力によってお金や地位や経歴を獲得しています。「獲得する人生」もりっぱな人生なのだと思います。みんなは、あなたが獲得したものを見て褒《ほ》めるでしょう。

キリスト教の思想家である内村鑑三は1894年（明治27年）、箱根で開かれた夏期学校で「後世への最大遺物」という題の講演をしました。聴衆は立身出世の気概に燃えた学生たちでした。内村も、まだ33歳の青年でした。

内村は、世の人は、お金、事業、思想のどれかを残した人を偉人と言うと言い、2日間にわたってお金、事業、思想を後世に残した人たちの話をします。

そして、内村は講演の最後で、自分はお金も事業も思想も残せないだろうと言い、講演の最後の最後でこう言うのです。

「われわれに後世の人にこれぞというて覚えられるべきものはなにもなくとも、アノ人はこの世の中に活《い》きているあいだは真面目《まじめ》なる生涯を送った人であるといわれるだけのことを後世の人に遺《のこ》したいと思います(1)」

内村鑑三が言った「まじめなる生涯」とはどのようなことを指しているのでしょうか。マタイによる福音書6章19節以下には、「天に富を積みなさい」という言葉があります。わたしたちが生涯をかけて獲得したものは、天国に持って行くことはできません。しかし、わたしたちが他の人のために失ったものは、天国に持って行くことができるのです（ルカによる福音書12章33節参照）。

クリスチャンの人生は、他の人のために存在して、初めてクリスチャンの人生となるのではないでしょうか。わたしは、内村鑑三が言った「まじめなる生涯」という言葉をそのように理解するのです。

「あるもの」を数える

わたしたちが神に感謝する時とは、どのような時でしょうか。車を運転していて、事故に遭《あ》いそうになったけど、事故にならずにすんだ時。

「助かったぁ」と思い、「神さま、感謝します」と言うかもしれません。

でも、何か特別なことがあった時にではなく、何も特別なことがない時、いつも通りの毎日に、神に感謝することがたくさんあるように思います。

わたしは4年前、63歳の時に心筋梗塞という病気になりました。夜中に突然、バットで胸を叩かれたような痛みがあり、救急車で病院に運ばれました。

わたしの毎日のお祈りは「今日も命を与えられて感謝いたします」という言葉で始まります。これは、子どもの時からの習慣のようなお祈りの言葉でした。

心筋梗塞が起こって2週間後、無事に退院してから、「今日も命を与えられて感謝いたします」というお祈りの言葉はとても真剣なものになりました。

毎朝、目が覚めると「ああ、今日も生きて一日を始めることができる。ありがとう」と思うようになったのです。

しかし、よく考えてみれば、わたしは心筋梗塞になる前の63年間ずっと心臓が働き続けていて、ずっと神に命を与えられてきたのです。63年間、そのことを「本当にありがたい」「神さま、感謝します」と思っていなかっただけの話です。

『『あるもの』を数える」という題は、ほんとうは「神さまに与えられているものを数える」という題ですね。

神に与えられているものを数えて、それを感謝しましょう。感謝すべきものは限りなくたくさんあるはずです。

マタイによる福音書14章13節以下にイエスが5000人に給食する物語があります。イエスと弟子たちが人里離れた所にいると、そこにたくさんの人々がイエスの話を聞こうと集まってきます。

集会をしているうちに日が暮れてきました。弟子たちはイエスに言います。「ここは人里離れた所で、もう時間もたちました。群衆を解散させてください」ところがイエスは弟子たちに「行かせることはない。あなたがたが彼らに食べる物を与えなさい」と言われます。

弟子たちは答えます。「ここにはパン5つと魚2匹しかありません」

イエスは「それをここに持って来なさい」と言います。

弟子たちは「しかありません」と言うのですが、イエスは「あるではないか」と言われるのです。弟子たちが「男だけで5000人の集会にパン5つと魚2匹ではどうしようもない」と思うのは当たり前のように思います。

しかし、イエスはそのパン5つと魚2匹を祝福して、群衆に与えます。

「すべての人が食べて満腹した」と書いてあります。

あなたにあるもの、すなわち神から与えられているものを数えてみましょう。

「こんなものではどうしようもない」と思われるかもしれません。

しかし、神はあなたが「こんなものではどうしようもない」と思っているものを祝福して用いてくださいます。

そして、神はあなたが「こんなものではどうしようもない」と思っているものを用いて、すなわちあなたを用いて、皆を満腹にされるのです。

すばらしく充実した人生だと思いませんか？

(1)内村鑑三「後世への最大遺物」『後世への最大遺物・デンマルク国の話』岩波文庫、80頁

第13章　社会における信仰生活

地の塩、世の光として

イエス・キリストの福音には、わたしたちのパラダイム（当たり前と思っていること）をひっくり返す力があります。

たとえば、ヨハネによる福音書9章にはこんな話があります。

エルサレムで、イエスと弟子たちは生まれつき目の見えない人の前を通りかかります。弟子たちがイエスに尋ねます。

「この人が生まれつき目が見えないのは、だれが罪を犯したからですか。本人ですか。それとも、両親ですか」（2節）

変な質問だと思いませんか？　でも、この弟子たちの質問は、イエスの時代の常識を示しているのです。

その人が病気になったのは、その人が罪を犯したからだ。いや、その家族の誰かかもしれない……。そういう病気理解だったのです。

この弟子たちの質問に、イエスはこう答えます。

「本人が罪を犯したからでも、両親が罪を犯したからでもない」（３節）

このイエスの答えを読んで、わたしたちは「当たり前じゃないか」と思うかもしれませんが、イエスの時代の人々にはびっくりするような答えだったのです。

さらにイエスはこの言葉の後に「神の業《わざ》がこの人に現れるためである」と言われます。

このイエスの言葉もわたしたちの社会のパラダイム、つまり「生産性がある人間こそ生きる価値がある」との思い込みをひっくり返すでしょう。障がいを持つ家族がおられる方は体験的に「神の業が現れるため」という言葉をよく理解され、実感されていると思いますが（わたしにも統合失調症の弟がいます）、障がいを持って生きる人生は、そして、障がいを持って生きる人と共に生きる人生は、決して不幸なものではなく、楽しく幸福なものです。

わたしたちは、この社会に生きて、「当たり前だ」と思っているものをたくさん持っています。でも、わたしたちは聖書を読んで、イエスの言われたこと、イエスがなさったこと、イエスが誰かと出会って起きた出来事に、「当たり前だ」と思っていたことを「いや、ちょっと待てよ」と考え直すことが生じるだろうと思います。

クリスチャンとして歩む時に、わたしたちは、この社会の常識とぶつかってしまうかもしれません。

みんなが「当たり前だ」と思っている常識をひっくり返そうとすれば、ずいぶん勇気が必要です。でも、イエスの福音は、この社会をいろいろと解釈するためのものではありません。イエスの福音は、この社会を新しく変革する力を持っているのです。

「わたしは勇気がないからダメだ」と思う必要はありません。「この日本社会でクリスチャンはたった1％しかいない。がんばってもこの社会を変えられない」と思う必要もありません。

イエスはマタイによる福音書5章13～16節で「あなたがたは地の塩。世の光である」と言われています。

「がんばって、地の塩、世の光になりなさい」と言っているのではありません。イエスを信じて歩んでいること、それ自体が、わたしたちの社会においてぴりっと味を利かせる、世の中を明るく照らすことなのです。

福音の力

パウロは、ローマの信徒への手紙でこう書いています。

「福音には、神の義が啓示されています」（1章17節）

「福音」とは、イエスによる喜ばしいお知らせのことです。それはイエスの行いと言葉、そして、イエスが誰かと出会った出来事に示されています。

「啓示」とは、それまで隠されてわからなかったことがはっきりと示されることです。

「義」とは、ギリシャ語でディカイオーという言葉です。この言葉は、裁判官が無罪の判決を言い渡す時に使った言葉でした。

裁判官が使う「無罪」という言葉は、「あなたは罪があるけど、特別に赦《ゆる》してあげる」という意味ではありませんね。「裁判でよくよく調べたけど、そもそもあなたには罪はありません」という意味です。

パウロは、イエスが言われたこと、行ったこと、誰かに出会って起きた出来事には、神の無罪の宣言がはっきりと示されているると書いているのです。

イエスは、みんなが「この人が生まれつき目が見えないのは、本人か家族の誰かが罪を犯したからだ」と思い込んでいる時に、「いや、この人の罪ではありません」とはっきりと宣言をされたのです。

ルカによる福音書15章に、徴税人や罪人が皆、話を聞こうとしてイエスに近寄って来た場面が書かれています。

どうもワイワイと楽しく食事をしていたようです。すると、ファリサイ派の人々や律法学者たちは、「この人（イエス）は罪人たちを迎えて、食事まで一緒にしている」（2節）と不平を言いだしました。

病気の人を始め、徴税人、遊女など「罪人とされている人たち」は、喜んでイエスのところに集まって来たのでしょう。イエスが、はっきりと「あなたがたは、罪人ではありません」と言われているのですから。

そのままでよしとされる神

聖書の最初に天地創造の物語があります。

神は最初の日に「光あれ」と言われて昼と夜を造り、2日目に大空と海を造り、3日目に地と植物を造り、4日目に太陽と月と星を造り、5日目に魚や鳥を造り、6日目に地上の動物たちを造り、最後に人間を造られました。

そして、こう書かれてあります。

「神はお造りになったすべてのものを御覧になった。見よ、それは極めて良かった」(創世記1章31節)

わたしたち人間は、神が御覧になると極めて良い存在なのです。

わたしは1952年に生まれました。子どもの頃の1960年代は、経済成長率が10パーセントを超えた年もあるくらいの高度経済成長の時代でした。

常に、今日より明日は便利になり、経済的に豊かになるはずだと思えるような時代でしたから、裏を返せば「今のままではダメである」という気持ちが蔓延していたとも言えます。

わたしが学校や両親から習ったことは、たった三つのことであったような気がします。「早く、能率よく、正確に」の三つです。つまり、生産性のある人間になりなさいということですね。

学校のペーパーテストは、その子に生産性があるか否かを確かめる手段であったと思いますが、テストで良い点数を取るためにわたしは必死になりました。

そうしているうちに、わたしは「生産性のある人間こそ価値がある」と思い込んでしまったようです。

このような人間理解は、わたしやわたしの家族に限ったことではありませんでした。日本社会全体が、生産性がある人間こそ価値があると思い込んでしまい、そしてその価値観は現在に続いていると思います。

もちろん、わたしたちの社会には、早く、能率よく、正確に何かをすることができない人たちはたくさんいます。いや、わたしたち全員が、実は「早く、能率よく、正確に」ものごとを処理することができてはいないはずです。

深刻なのは、わたしたちほぼ全員が「早く、能率よく、正確に」ものごとを処理することができないので自分自身で「わたしは価値のない人間だ」と思い込んでしまっていることです。そしてこの思い込みは、一転して他の人を評価し始めます。「あいつは、早く、能率よく、正確にものごとを処理できないので、生産性のない人間であり、価値がない」と言い始めるのです。

共に助け合って生きることより、競争して勝つことに人生の意義を見出し始めるのです。

「比較すれば、あの人よりわたしのほうが生産性がありますよ」と。

わたしたちは、「神はお造りになったすべてのものを御覧になった。見よ、それは極めて良かった」という言葉を聞いても、早く、能率よく、正確にものごとを処理することができないので、わたしは価値のない人間だと思い込んでいます。ですから、手を振って「いやいや、わたしはそんな者ではありません」と否定してしまいます。

そういうふうに言うと、なにがしか謙遜《けんそん》で信仰深い態度のように見えるかもしれませんが、それは間違いです。

神からの、せっかくの「極めて良い」とのお言葉、すなわち「あなたは、そのままで良い」というお言葉を、こちらから遠慮する必要はありません。

「みんなは、わたしのことをそうは思っていないし、わたしもそうは思っていないのですが、神さまがそう言われるのなら、アーメン、その通りです」と言うのが信仰深い態度です。

失われた者の回復の喜び

前述の「福音の力」で書いたように、イエスは、病気の人や、徴税人、遊女などの「罪人」たちに「あなたがたは罪人ではないのだ」と宣言されました。

福音書に登場する罪人とは、罪人とされて、その社会から排除されてしまった人たちです。その人を「罪人」として排除する根拠は、イエスの時代の人々のパラダイム、それが当たり前だと思い込んでいる常識です。イエスの時代の常識は、宗教的規範でもありました。

具体的には律法と呼ばれる宗教的規範を守ることができる人は正しい人（義人）、守ることができない人は罪人という常識でした。

ルカによる福音書15章に戻ります。「ファリサイ派の人々や律法学者たちは、『この人（イエス）は罪人たちを迎えて、食事まで一緒にしている』と不平を言いだした」（2節）。

そこでイエスはどうされたかというと、三つのたとえ話をされます。

一つは良き羊飼いの話、もう一つはなくした1枚の銀貨を探す人の話、もう一つは放蕩息子を待つ父親の話です。

最初の二つのたとえ話の最後には「悔い改めるなら天には大いなる喜びがある」と書いてあります（7、10節）。

「悔い改める」という言葉は、ギリシャ語でメタノイアという言葉です。「反対方向に向きを変える」という意味で、「方向転換して元の場所に戻る」という意味です。ただ過去を悔いて反省するという意味ではありません。

迷子になった羊がどういうふうに反省したのでしょうか？　書かれていません。銀貨がどうやって反省します？　放蕩息子はお金を使い果たして若干の反省をしますが、彼が父親の家に戻って来た場面はこう書かれています。「彼（放蕩息子）はそこをたち、父親のもとに行った。ところが、まだ遠く離れていたのに、父親は息子を見つけて、憐れに思い、走り寄って首を抱き、接吻《せっぷん》した」（20節）。父親に対する息子の反省の言葉が語られるのは、それからです。反省したから父親が息子を迎え入れたのではありません。

この三つのたとえ話に登場する羊飼い、銀貨をなくした人、放蕩息子の帰りを待っている父親は神です。羊飼いと銀貨をなくした人は「探す神」を、放蕩息子の物語は「待っている神」をたとえているのですね。

だから7節の、「このように、悔い改める一人の罪人については、悔い改める必要のない九十九人の正しい人についてよりも大きな喜びが天にある」とは、「罪人として社会から排除されてしまった人が、いるべき場所に戻ってきたら、神さまはどれほどうれしいか」という意味です。

「罪人」の「共犯者」となる

現在、前述の「生産性のない人間」は、わたしたちの社会から排除されて福音書に言う「罪人」の扱いを受けてしまっています。

キリスト教というのは変な宗教です。

キリスト教会のシンボルマークの十字架は処刑道具です。わたしたちが救い主と信じるイエスは死刑囚でした。

つまり、イエスは考えられる限りの「罪人」として死なれたのです。

わたしが牧師になり、数年経った頃、種谷俊一という先輩の牧師がドライブ中にふとこういう言葉を言いました。

「山本さん、本物の牧師になりたいと思うなら、『罪人』と言われている人のところに行って共犯者となれ」

わたしたちがイエスに従おうとした時、わたしたちは、この社会のパラダイムに直面して「ちょっと待てよ」と思うことがあるでしょう。その時にはずいぶん勇気が必要となるでしょう。あえて十字架を背負うことになると思います。

しかし、この社会の当たり前と思われている常識によって「罪人」とされている人のところに出かけて行きましょう。主が共に「共犯者」となって歩んでくださいます。

第14章　この世に仕えるキリスト者

神は、わたしたちがこの世の人々を救いの対象とする以前に、すでに救いの業《わざ》をなさっておられます。

わたしたちは、神がなされている驚くべき救いの業をこの世の人々に伝える役割があります。

前章でお話しした「わたしには生産性がないのでダメな人間だ」と思い込んでいる方に、「神さまは、あなたをそのままで極めて良い存在とされているのです」と伝えましょう。

それを聞いたその人は「みんなは、わたしのことを極めて良い存在だとは言わないし、わたし自身もそうは思わないけど、神さまがそう言われるのなら、アーメン（そのとおりです）」と言われるでしょう。

奉仕

「奉仕」という言葉は、旧約聖書においては「勤め」(service)と訳されて祭司やレビびとが守るべき儀式的な任務を指していました。わたしたちがする礼拝も、司会者、奏楽者、説教者、受付などいろいろに役割を分担していますね。その礼拝中に「役割を果たす」ことを意味する言葉だったのです。

しかし、イエスによって、「奉仕」という言葉の意味は大転換します。人々に仕えることを指すようになったのです。奉仕の現場が、礼拝から外に、わたしたちの日常に転換したと言ってもいいかもしれません。

たとえばマタイによる福音書25章31〜40節の「ディアコニア憲章」と呼ばれている箇所を読んでみましょう。ディアコニアとは奉仕という意味のギリシャ語です。

主人(神)は人をより分けて、右側の人にこういわれます。

「さあ、わたしの父に祝福された人たち、天地創造の時からお前たちのために用意されている国を受け継ぎなさい。お前たちは、わたしが飢えていたときに食べさせ、のどが渇いていたときに飲ませ、旅をしていたときに宿を貸し、裸のときに着せ、病気のときに見

舞い、牢にいたときに訪ねてくれたからだ」（34〜36節）

それを聞いた人は、「主よ、わたしたちは、いつそんなことをしたでしょうか？」と訊《き》き返します。

確かに、その人たちは、飢えている人に食べさせ、のどが渇いていた人に飲ませ、旅をしていた人に宿を貸し、裸の人に着せ、病気の人を見舞い、牢にいた人を訪ねたことがあったのです。しかし、それを神にしているとは思っていなかったのです。

神はこう言われます。「はっきり言っておく。わたしの兄弟であるこの最も小さい者の一人にしたのは、わたしにしてくれたことなのである」（40節）

つまり、人に仕えることは、すぐれて神に仕える奉仕の業《わざ》なのだと言うのです。そして、この業はすぐれて宣教の業でもあるのです。

礼拝と宣教

キリスト教会には、礼拝をとても大切にする人がいます。そして、この世の人々に奉仕することを大切にする人もいます。

不幸なことに、礼拝をとても大切にする人たちと、この世の人々に奉仕することを大切にする人たちは、互いに礼拝派・宣教派などと言い合い（教会派・社会派などと言う場合もあります）、対立してしまうことがあります。

これは、とても残念なことです。

礼拝と宣教は別々に存在しているものではありません。礼拝を重んじるのだけど、この世の人に仕える業を軽んじるのであれば、教会は内向きになり、自分のことのみに関心をそそぐことになるでしょう。

逆にこの世の人に仕える業を重んじるのだけど、礼拝を軽んじるのであれば、教会はこの世の人に仕える熱情や粘り強さを失っていくでしょう。

この世の人に仕えることは、すぐれて神に仕える奉仕の業なのです。そして、この業はすでにこの世に救いの業をなしておられる神の宣教の業に参与する業でもあるのです。(1)

この世に対する責任と応答

この世・この世界には、さまざまな問題が山積しています。わたしたちがこの世に存在する限り、神の前で「わたしだけ正しい」と言うことは不可能です。

この世・この世界に山積するさまざまな問題について、わたしたちは神に対する責任があると考えるべきです。

「わたしは罪人である」という言葉は、「わたしは神さまの前で、この世・世界に山積するさまざまな問題を背負って生きている」という責任を自覚した言葉でもあります。

そして、その自覚はこの世・この世界を正しい道へ変革しようとする自覚でもあります。


クリスチャンとしてこの世に対する責任と応答について考える時に大切な一人の牧師のエピソードがあります。

お話ししたいのは、マルティン・ニーメラー（1892−1984年）というドイツの牧師の話です。

彼は、第一次世界大戦中（1914−1918年）は潜水艦の艦長でした。大戦後、牧師になることを決意します。

彼は、ヒトラーが政権を取った後に、これに抵抗する「牧師緊急同盟」を結成し、1937年に逮捕されてドイツ敗戦までダッハウ等の強制収容所に収容されました。

私の受洗経験

山本光一

わたしは祖父から大きな影響を受けました。祖父（菅野保次）は、結核療養所の医師として皆から尊敬を集めていましたが、わたしが祖父を愛するのは、そのようなところにありませんでした。祖父が研修医として歩み始めたころ、姪の小池トシが結核で亡くなりました。彼女は結核を病んだ友人を自分の下宿に引き取り、看病しているうちに自分も結核にかかり、亡くなったのでした。なぜそのようなことをしたのか。祖父が葬儀に出席した人に訊くと、「彼女はクリスチャンだったから」という答えを得ました。

祖父は「クリスチャンというものは、馬鹿なことをするものだ」と怒り、彼女が通っていた旭川六条教会の常田次郎牧師が祖父の家を訪問すると、玄関先で「出ていけ」と怒鳴り、追い返しました。小池トシは、祖父に大きな影響を与えたのだと思います。その後、祖父は結核医の道を選び、1934年に34歳で洗礼を受けました。ですから、わたしのクリスチャンとしての系譜は、祖父の姪から始まることになります。わたしがクリスチャンとなったのは、キリスト教の教義に心酔したからではなく、たった一人の人、祖父の態度に善いものを見たからです。

わたしは中学校3年生の時に堅信礼（0歳の時に幼児洗礼）を受けました。その時祖父がくれた聖書には大きな文字で「天に宝を積む」〈マタイ6章20節〉と書かれていました。

1934年1月25日、全ドイツのプロテスタント教会の代表的指導者たちは、帝国首相ヒトラーに会見し、帝国教会監督に関する抗議の覚書を手渡すことになっていました。ニーメラーは、教会の代表者たちのひとりでしたが、結局、ヒトラーと論争したのはニーメラーひとりでした。論争は優に1時間は続き、会見の大部分はそれで占められてしまったようです。

激論の最後にヒトラーはこう言います。

「第三帝国について心配することは私に任せてほしい。君は君の教会のことを心配したまえ」

マルティン・ニーメラーはこれに対してさらに答えました。

「あなたであれ、この世のいかなる権力であれ、キリスト者としてまた教会としての私たちから、神が私たちに課したもうドイツ国民に対する責任を取り去ることはできないのです(2)」

わたしたちがこの世のことについて関心を持ち、この世を正しい道へ変革しようと努力することは、神からわたしたちに与えられた責任なのです。

(1) J・G・デーヴィス、岸本羊一訳「第一章　礼拝と宣教の一致」、『現代における宣教と礼拝』日本キリスト教団出版局、7～26頁

(2) 宮田光雄『アウシュヴィッツで考えたこと』みすず書房、47頁

あとがき

洗礼を受けるあなたに。

今、洗礼を受けること、キリスト教徒になること、信仰生活を始めること。本書はこうしたことを考えておられるあなたを覚えて企画され、まとめられたものです。

洗礼は人生における新たなスタートであるとともに、あなたという存在の原点になる出来事でもあります。その原点とはあなたがイエス・キリストに結ばれることであり、あなたが神のものとなるということです。

宗教改革者マルティン・ルターは困難や試練に出会った時、「私は洗礼を受けている」と自らに言い聞かせたといいます。洗礼によって私はイエス・キリストに結ばれた。洗礼によって主のものとなっている。だから何ものも私を打ち倒すことはできない。何ごとが起ころうと私は絶望しない。彼にとって洗礼こそ揺らぐことのない人生の土台だったのです。

イエス・キリストが私を受け入れ、私とつながってくださること。それが洗礼の意味することです。悩みや不安、問題や苦しみに出会う時、この原点に繰り返し立ち帰りましょう。私たちをひとたび招いてくださった方は決して私たちを見捨てることはなさいません。洗礼は慰めと励ましの原点であり、私たちをふたたび立ち上がらせてくれる希望と勇気の原点なのです。

それから、ぜひ心に留めておいていただきたいことは、洗礼という出来事をめぐる当事者というのはあなただけのことではないということです。洗礼をめぐって、あなたに向かい合ってくださるイエス・キリストも洗礼のもうひとりの当事者であり、さらにあなたに洗礼を授け、あなたと共に信仰生活を歩む教会もまた洗礼の当事者であることを覚えていてください。こうした意味において、洗礼はいつでも「私の洗礼」であると同時に「私たちの洗礼」でもあるのです。あなたの洗礼をイエス・キリストが、そして主の民である教会が共に喜ぶのです。

主イエス・キリストに招かれ、神の民の一人に加えられ、生涯にわたって続く信仰の原点となる洗礼。そのような大切な出来事に備えるに際して、本書があなたにとってわずかなりともお役に立てるものとなることを心から祈ります。

最後になりましたが、本書の出版に際して編集にご尽力いただいた日本キリスト教団出版局の伊東正道氏に深く感謝申しあげます。

二〇二〇年四月

越川弘英
増田　琴
小友　聡
柳下明子
山本光一

越川弘英　こしかわ・ひろひで

1958 年、東京に生まれる。1978 年、京都丸太町教会で受洗。同志社大学神学部、シカゴ神学校（CTS）を卒業後、中目黒教会、巣鴨ときわ教会で牧会。2002 年より同志社大学キリスト教文化センター教員として現在に至る。

増田　琴　ますだ・こと

1964 年、東京に生まれる。1974 年、倉吉復活キリスト教会にて受洗。東京神学大学大学院修了。氏家教会、巣鴨ときわ教会牧師を経て、現在、経堂緑岡教会牧師。

小友　聡　おとも・さとし

1956 年、青森県に生まれる。1976 年、仙台五橋教会にて受洗。東京神学大学、ドイツ・ベーテル神学大学で学ぶ。大曲教会牧師を経て、現在、中村町教会牧師、東京神学大学教員。

柳下明子　やなした・あきこ

1966 年、東京に生まれる。1982 年、能勢口教会にて受洗。2000 年、日本聖書神学校を卒業ののち大津教会、武蔵野緑教会に仕え、現在、番町教会牧師、日本聖書神学校教員。

山本光一　やまもと・こういち

1952 年、北海道に生まれる。同年幼児洗礼（釧路教会）、1967 年堅信礼（札幌北光教会）。1979 年同志社大学神学部卒業後、近江八幡教会、琴浦教会と札幌元町教会で牧会、北海教区幹事に就き、現在京葉中部教会牧師。

洗礼を受けるあなたに　キリスト教について知ってほしいこと

2020年5月25日　初版発行
2022年9月9日　再版発行

著　者　越川弘英、増田琴、小友聡
柳下明子、山本光一
発　行　日本キリスト教団出版局

169-0051　東京都新宿区西早稲田2丁目3の18
電話・営業 03(3204)0422、編集 03(3204)0424
https://bp-uccj.jp

印刷・製本　株式会社精興社

ISBN978-4-8184-1052-7 C0016　日キ販

Printed in Japan

日本キリスト教団出版局の本

信仰生活の手引き
聖　書
塩谷直也

聖書とは、あなたに向けて書かれた神の直筆の手紙である。初心に立って虚心坦懐に聖書の概略を学び、聖書のさまざまな箇所を旅しつつ体感することを通して、知識から信仰へと向かう。聖書の森の旅へのガイドブック。　1300円

信仰生活の手引き
祈　り
左近　豊

信仰生活の根源である「祈り」について、聖書は何を記しているか。旧新約聖書に深く学びつつ、神に向けて嘆くことさえ祈りであり、「祈ること、それ自体が救いである」という著者渾身のメッセージを浮き彫りにする。　1300円

信仰生活の手引き
教　会
井ノ川　勝

教会は、キリストの十字架という旗印を高く掲げ、この世を歩む。そして、世とは異なる寄留の民として、世に新しい生き方をもたらす。現代を共に生きる信仰共同体のあるべき姿を、聖書と日本の文脈において語る。　1300円

信仰生活の手引き
礼　拝
越川弘英

なぜキリスト者は主の日に礼拝に集うのか。キリスト者の生命線でありながら習慣化しがちな礼拝について、その意味を明快に描き出す。礼拝に生き生きとした力が加えられ、信仰者としての確かな成長を歩むために。　1300円

コヘレトの言葉を読もう
「生きよ」と呼びかける書
小友　聡

「空しい」を38回も繰り返し、信仰を覆すような表現が頻出する「コヘレトの言葉」。聖書読者を困惑させてきたこの書を読み解き、今の生を徹底して生きるという中心主題を明らかにする。　1400円

価格は本体価格。重版の際に定価が変わることがあります。